MW01257429

LEARN SPANISH

ISBN: 978-1-987949-92-6

This book is published by Bermuda Word. It has been created with specialized software that produces a three line interlinear format.

Please contact us if you would like a pdf version of this book with different font, font size, or font colors and/or less words per page!

LEARN-TO-READ-FOREIGN-LANGUAGES.COM

Dear Reader and Language Learner!

You're reading the Paperback edition of Bermuda Word's interlinear and pop-up HypLern Reader App. Before you start reading Spanish, please read this explanation of our method.

Since we want you to read Spanish and to learn Spanish, our method consists primarily of word-for-word literal translations, but we add idiomatic English if this helps understanding the sentence.

For example:
Echamos la casa   por   la ventana!
We throw the house through the window!
[We're having a great party!]

The HypLern method entails that you re-read the text until you know the high frequency words just by reading, and then mark and learn the low frequency words in your reader or practice them with our brilliant App.

Don't forget to take a look at the e-book App with integrated learning software that we offer at learn-to-read-foreign-languages.com! For more info check the last two pages of this e-book!

Thanks for your patience and enjoy the story and learning Spanish!

Kees van den End

LEARN-TO-READ-FOREIGN-LANGUAGES.COM

3   Título & Índice

ÍNDICE
CONTENTS

4   Título & Índice

5   Título & Índice

EL CUENTO DEL POLLO
THE STORY OF THE CHICK

Un día un pollo entra en un bosque. Una bellota
One day a chick enters in a forest An acorn

cae en su cabeza. El pobre pollo cree que el cielo
falls on his head The poor chick believes that the sky

ha caído sobre él.
has fallen on him

Corre para informar al rey.
He runs to inform to the king

En el camino encuentra una gallina.
On the way he encounters a hen

"¿A dónde vas?" pregunta la gallina.
Where you go asks the hen

"¡Oh!" dice el pollo, "el cielo ha caído en mi cabeza
Oh says the chick the sky has fallen on my head

y voy a informar al rey."
and I go to inform to the king

"Yo voy también, si quieres," responde la gallina y
I go also if you want responds the hen and

se marchan juntos el pollo y la gallina al palacio del
themselves march together the chick and the hen to the palace of the
(set off)

rey. En el camino encuentran un gallo.
king On the road they encounter a rooster

"¿A dónde vas?" pregunta el gallo a la gallina.
Where you go asks the rooster of the hen

"¡Oh!" dice la gallina, "el cielo ha caído sobre la
Oh says the hen the sky has fallen on the

cabeza del pobre pollo y vamos a informar al rey."
head of the poor chick and we go to inform to the king

"Yo voy también, si quieres," responde el gallo y
I go also if you want responds the rooster and

se marchan juntos el pollo, la gallina y el gallo al
themselves march together the chick the hen and the rooster to the
(set off)

palacio del rey.
palace of the king

9 El Cuento Del Pollo

En el camino encuentran un pato.
On the way they encounter a duck

"¿A dónde vas?" pregunta el pato al gallo.
Where you go asks the duck of the rooster

"¡Oh!" dice el gallo, "el cielo ha caído en la cabeza
Oh says the rooster the sky has fallen on the head

del pobre pollo y vamos a informar al rey."
of the poor chick and we go to inform to the king

"Yo voy también, si quieres", responde el pato y
I go also if you want responds the duck and

se marchan juntos el pollo, la gallina, el gallo y el
themselves march together the chick the hen the rooster and the
(set off)

pato al palacio del rey.
duck to the palace of the king

En el camino encuentran un ganso.
On the way they encounter a goose

"¿A dónde vas?" pregunta el ganso al pato.
To where you go asks the goose to the duck

"¡Oh!" dice el pato, "el cielo ha caído en la cabeza
Oh says the duck the sky has fallen on the head

del pobre pollo y vamos a informar al rey."
of the poor chick and we go to to inform the king

"Yo voy también, si quieres,"responde el ganso y
I go also if you want responds the goose and

se marchan juntos el pollo, la gallina, el gallo, el
themselves march together the chick the hen the rooster the
(set off)

pato y el ganso al palacio del rey. "
duck and the goose to the palace of the king

En el camino encuentran un pavo. El pavo quiere ir
On the way they encounter a turkey The turkey wants to go

con ellos a informar al rey que el cielo ha caído.
with them to inform to the king that the sky has fallen

11   El Cuento Del Pollo

Ninguno de los pobres animales sabe el camino.
None   of   the   poor   animals   knows   the   way

En este momento encuentran una zorra. La zorra dice
On   this   moment   they encounter   a   fox   The   fox   says

que quiere enseñarles el camino al palacio del rey.
that   she wants   to show them   the   way   to the   palace   of the   king

Todos van con ella; pero ella los conduce a su cubil.
All   go   with   her   but   she   them   leads   to   her   den

Aquí la zorra y sus cachorros se comen el pobre
Here   the   fox   and   her   cubs   eat   the   poor

pollo y la gallina y el gallo y el pato y el ganso
chick   and   the   hen   and   the   rooster   and   the   duck   and   the   goose

y el pavo. Los pobres no van al palacio y no
and   the   turkey   The   poor ones   not   go   to the   palace   and   not
(poor animals)

pueden informar al rey que el cielo ha caído sobre
can   inform   to the   king   that   the   sky   has   fallen   on

la cabeza del pobre pollo.
the   head   of the   poor   chick

EL PALACIO DE MADRID
THE PALACE OF MADRID

El	rey	de	España	quería	tener	un	palacio	muy
The	king	of	Spain	wanted	to have	a	palace	very

hermoso,	el	mejor	del	mundo.	Quería	tener	el	mejor
beautiful	the	best	of the	world	He wanted	to have	the	best

arquitecto	de	Europa	para	construir	este	hermoso
architect	of	Europe	to	construct	this	beautiful

edificio	y	le	buscó	por	todas	partes.	Al	fin	encontró
building	and	him	he looked for	everywhere			Finally		he encountered

uno	muy	bueno	y	muy	nombrado.	Le	prometió	grandes
one	very	good	and	very	famous	Him	he promised	large

sumas	de	dinero	para	construir	su	palacio.	El
sums	of	money	to	construct	his	palace	The

arquitecto	empezó	la	obra	y	la	acabó	en	breve	plazo.
architect	began	the	work	and	it	finished	in	short	time

El	rey	estaba	satisfecho.	Entonces	el	rey	dijo	para	sí:
The	king	was	satisfied	Then	the	king	said	to	himself

"Si este hombre puede hacerme un palacio tan
If this man can make for me a palace so

magnífico, puede hacer lo mismo para otro rey. Yo no
magnificent he can do the same for another king I not

quiero que otro rey tenga un palacio tan bueno, tan
want that another king has a palace so good so

magnífico, como el mío. ¿Qué haré?"
magnificent like the mine What will I do
( )

Un día convidó a comer al arquitecto famoso y le
One day he invited to eat the architect famous and him

preguntó si podría hacer otro palacio como el que
he asked if he could make another palace like that what

había concluido. El arquitecto contestó que sí.
he had finished The architect answered with yes

El rey le manifestó que no quería que construyese
The king him declared that not he wanted that he constructed

otro palacio. Él quería tener el mejor palacio del
another palace He wanted to have the best palace of the

mundo.
world

15 El Palacio De Madrid

Prometió	darle	grandes	tesoros	si	daba	su	promesa	de
He promised	to give him	great	treasures	if	he gave	his	promise	of

no	hacer	otra	obra	como	aquélla.	El	arquitecto
not	to make	another	work	like	that one	The	architect

estimaba	su	fama	más	que	todo	y	se	negó	a	darle
considered	his	fame	more	than	anything	and	he denied		to	give him

su	palabra.
his	word

Cuando	el	rey	vio	que	no	podía	obtener	la	promesa
When	the	king	saw	that	not	he could	obtain	the	promise

deseada,	mandó	que	aprisionasen	al	arquitecto.	Después
desired	he commanded	that	they imprison (be imprisoned)	the	architect	After

de	esto,	le	sacaron	los	ojos,	para	que	no	pudiera
of	this	him	they removed	the	eyes	for	that	not	he could

dirigir	ninguna	otra	obra;	le	cortaron	los	brazos,	para
direct	no	other	work	him	they cut of	the	arms	for

que	no	pudiera	trazar	los	planos;	y	también	le
that	not	he could	draw up	the	plans	and	also	him

cortaron	la	lengua,	para	que	no	pudiera	comunicar	a
they cut	the	tongue	for	that	not	he could	communicate	to

nadie	sus	conocimientos.
nobody	his	knowledge

Pero le dió el rey habitación en el palacio y
But him gave the king room in the palace and

grandes riquezas. Todos los días estaba sentado el
great wealth All the days he was seated the

arquitecto a la mesa del rey. Los criados tenían que
architect at the table of the king The servants had to

darle de comer porque no tenía brazos. Así estuvo
give him of to eat because not he had arms Thus he was

viviendo de esa manera hasta que murió.
living of that way until that he died
(in)

Sobre los pequeños pilares que forman la cornisa del
On the small pillars that form the cornice of the

palacio se puede ver el busto de un hombre. Como
palace himself he can see the bust of a man Like
(one can)

todos los bustos, no tiene ni brazos ni ojos. Según
all the busts not has neither arms nor eyes According to
( ) (it has)

el pueblo este busto es la efigie del arquitecto que
the people this bust is the effigy of the architect that

dirigió la erección del palacio.
directed the erection of the palace

17 El Palacio De Madrid

Se cree que el rey lo puso allí para honrarle en
It is believed   that   the   king   it   put   there   to   honor him   in

muerte.
death

DON   JUAN   BOLONDRÓN
DON   JUAN   BOLONDRÓN

Una	vez	había	un	pobre	zapatero	llamado	Juan
One	time	it had (there was)	a	poor	shoemaker	called	Juan

Bolondrón.
Bolondrón

Un	día	estaba	sentado	en	un	banco	tomando	una
One	day	he was	seated	on	a	bench	taking	a

taza	de	leche.	Había	varias	moscas	en	el	banco
cup	of	milk	It had (There were)	several	flies	on	the	bench

cerca	de	algunas	gotas	de	leche.	Don	Juan	mató
near	of	some	drops	of	milk	Don	Juan	killed

siete	de	ellas	de	un	golpe.	Entonces	gritó:
seven	of	them	of (in)	one	blow	Then	he shouted

"Yo	soy	muy	valiente,	y	desde	hoy	me	llamo	Don
I	am	very	brave	and	from	today	myself	I call	Don

Juan	Bolondrón	Matasiete."
Juan	Bolondrón	Sevenkiller

Había	cerca	de	la	ciudad	un	bosque.
It had (There was)	close	of (to)	the	city	a	forest

Dentro   del   bosque   había   un   jabalí   que   hacía   mucho
Inside   of the   forest   it had   a   wild boar   that   did   much
                                  (there was)

mal   a   los   habitantes.   Ya   se   había   comido   a   muchos
harm   to   the   inhabitants   Already itself it had   eaten   to   many
                                                                                ( )

de   ellos.
of   them

El   rey   había   enviado   mucha   gente   para   matarlo.
The   king   had   send   many   people   to   kill it

Algunos   de   estos   hombres   se   habían   fugado   por
Some   of   these   men   themselves had   fled   for
                                                                              (out of)

miedo;   el   jabalí   se   había   comido   a   los   otros.
fear   the   wild boar   itself had   eaten   to   the   others
                                                              ( )

Dijeron   al   rey   que   había   en   la   ciudad   un   hombre
They said   to the king   that   it had   in   the   city   a   man
(It was told)   (there was)

muy   valiente   que   se   llamaba   Don   Juan   Bolondrón
very   brave   that   himself called   Don   Juan   Bolondrón

Matasiete.
Sevenkiller

"¡Oh!"   dijo   el   rey.   "Debo   conocer   a   este   hombre.
Oh   said   the   king   I must   know   to   this   man
                                                  (meet)   ( )

Díganle   que   venga   al   palacio   al   instante."
You tell him that   he comes   to the palace   at the instant
                                                      (immediately)

21 Don Juan Bolondrón

Le	llevaron	al	palacio	y	cuando	le	vio	el	rey,	le
Him	they took	to the	palace	and	when	him	saw	the	king	him

dijo:	"Hombre,	dicen	que	eres	muy	valiente.	¿Es
he said	Man	they say	that	you are	very	brave	It is

verdad	que	matas	siete	de	un	golpe?"
truth (true)	that	you kill	seven	with	one	blow

"Sí,	Vuestra	Majestad ;"	le	contestó.
Yes	Your	Majesty	him	he answered

"Pues	bien,"	le	dijo	el	rey;	"Tengo	una	hija	muy
Then	well	him	said	the	king	I have	one	daughter	very

bonita	y	te	la	doy	por	esposa	si	matas	el	jabalí
pretty	and	you	her	I give	for (as)	wife	if	you kill	the	wild boar

que	hace	tanto	mal	a	los	habitantes	de	la	ciudad.
that	does	so much	harm	to	the	inhabitants	of	the	city

¿Tienes	bastante	valor?"
You have	enough	braveness

"Sí,	Vuestra	Majestad,"	respondió	el	zapatero.
Yes	Your	Majesty	responded	the	shoemaker

"Está bien; pero si no lo matas, perderás la cabeza."
It is / well / but / if / not / it / you kill / you will lose / the / head (your)

Al día siguiente Don Juan Bolondrón se preparó bien
On the / day / following / Don / Juan / Bolondrón / himself / prepared / well

y salió a buscar el jabalí. Estaba tiritando de miedo.
and / he left / to / search / the / wild boar / He was / shivering / of / fear

Era bastante valiente para matar moscas pero no para
He was / enough / brave / to / kill / flies / but / not / to

matar jabalíes. Este día el jabalí era más feroz que
kill / wild boars / This / day / the / wild boar / was / more / ferocious / than

nunca, porque en tres días no había comido nada.
never (ever) / because / in / three / days / not / he had / eaten / nothing (anything)

Juan empezó a pensar en el mejor modo de matar
Juan / began / to / think / of / the / best / way / of / to kill

el animal. Creía que era muy probable que el animal
the / animal / He believed / that / it was / very / probable / that / the / animal

le matara a él. Nunca había tenido en las manos
would kill / to / him / Never / he had / had / in / the (his) / hands
()

más armas que las de su zapatería.
more / arms / than / those / of / his / shoemaker shop

23 Don Juan Bolondrón

Cuando llegó al bosque, salió el jabalí, furioso de
When / he arrived / at the / forest / came out / the / wild boar / furious / of

rabia y de hambre. Cuando Don Juan lo vio, empezó
anger / and / of / hunger / When / Don / Juan / him / saw / he began

a correr en la dirección del palacio, y tras él, el
to / run / in / the / direction / of the / palace / and / after / him / the

jabalí.
wild boar

Don Juan llegó al palacio y se metió detrás de la
Don / Juan / arrived / at the / palace / and / himself put (hid) / behind / of / the

puerta de la calle. El jabalí entró en el patio, donde
door / of / the / street / The / wild boar / entered / in / the / patio / where

fue matado por los soldados del rey. En este
it was / killed / by / the / soldiers / of the / king / In / this

momento Don Juan corrió al patio con la espada en
moment / Don / Juan / ran / to / patio / with / the (his) / sword / in

mano. Reprendió a los soldados por haber matado el
hand / He reprimanded / the / soldiers / for / to have (having) / killed / the

animal. Después fue derecha al rey que había salido
animal / After that / he was / summoned / to the / king / who / had / stepped out

para saber la causa del ruido.
to / know (find out) / the / cause / of the / noise

"¿Qué es esto, Don Juan?" preguntó el rey.
What is this Don Juan asked the king

"Vuestra Majestad," respondió Don Juan, "no he querido
Your Majesty responded Don Juan not I have wanted

matar el jabalí; he querido traerlo vivo al palacio;
to kill the wild boar I have wanted to bring it alive to the palace

pero esos soldados lo han matado cobardemente."
but those soldiers it they have killed cowardly

"Eres muy valiente, Don Juan, y mereces por esposa
You are very brave Don Juan and you deserve as wife

la princesa mi hija."
the princess my daughter

Le dieron un cuarto en el palacio y después de
Him they gave a room in the palace and after of

algunos días se celebraron las bodas. La princesa no
some days themselves they celebrated the wedding The princess not

sabía que se casaba con un pobre zapatero.
knew that herself she married with a poor shoemaker

Pensaba   Don   Juan   muchas   veces   en   las   miserias   de
Thought   Don   Juan   many   times   of   the   miseries   of

su   vida   pasada,   y   hacía   comparación   con   su   dicha
his   life   past   and   he made   comparison   with   his   fate

presente.   En   consecuencia   de   esto,   una   noche   soñó
present   As   consequence   of   this   one   night   he dreamed

con   su   zapatería   y   habló   de   sus   hormas   y   de   su
of   his   shoemaker shop   and   he spoke   of   his   last   and   of   his
(foot-shaped block)

lesna.
awl
(sewing tool)

La   princesa   oyó   estas   palabras   y   estaba   muy   triste.
The   princess   heard   these   words   and   she was   very   sad

Creía   que   tal   vez   se   había   casado   con   un   zapatero.
She believed   that   maybe   herself   she had   married   with   a   shoemaker

Al   día   siguiente   fue   a   su   padre   y   le   dijo:
At the   day   following   she went to   her   father   and   him   said

"Señor   padre,   tal   vez   me   he   casado   con   un   zapatero
Sir   father   maybe   myself   I have   married   with   a   shoemaker

porque   anoche   en   sueños   ha   hablado   de   sus   hormas
because   last night   in   his dreams   he has   spoken   of   his   last

y   de   su   lesna."
and   of   his   awl

El   rey   llamó   a   su   presencia   a   Don   Juan   Bolondrón
The king called   to his presence   to Don   Juan Bolondrón
()

Matasiete   y   le   preguntó:
Sevenkiller and him he asked

"¿Hombre,   eres   zapatero   y   te   has   atrevido   a   casarte
Man   you are shoemaker and you have dared   to marry yourself

con   mi   hija?"
with my   daughter

"Señor,"   dijo   Don   Juan,   "la   señora   princesa   no
Sir   said   Don   Juan   the lady   princess   not

comprendió   bien   lo   que   yo   decía.   Yo   soñaba   que
understood   well   that what I   said   I   dreamed that

estaba   luchando   con   el   jabalí   y   decía   a   mi   esposa
I was   fighting   with the wild boar and I said to my wife

que   el   animal   tenía   la   cara   de   horma   y   los   colmillos
that the animal   had   the face   of   last   and the teeth

de   lesna,   y   esto   es   todo."
of   awl   and this   is   everything

El   rey   estaba   satisfecho   y   su   hija   también   y   los   dos
The king was   satisfied   and his daughter also   and the two

esposos   vivieron   felices   muchos   años.
spouses   lived   happily   many   years

UN HOMBRE INSACIABLE
A MAN INSATIABLE

En Extremadura vivía un hombre. El hombre era rico.
In Extremadura lived a man The man was rich

Era muy rico. Tenía casas y viñas, vacas y ovejas,
He was very rich He had houses and vineyards cows and sheep

caballos y cerdos. Las casas eran grandes y nuevas.
horses and pigs The houses were large and new

Las viñas tenían muchas uvas. Las vacas, las ovejas
The vineyards had many grapes The cows the sheep

y los cerdos estaban muy gordos. Los caballos eran
and the pigs were very fat The horses were

los más hermosos de Extremadura.
the most beautiful of Extremadura

El hombre tenía todavía más. Tenía una buena mujer
The man had still more He had a good wife

y buenos hijos. Tenía todo lo que podía desear, pero
and good children He had everything that what he could desire but

el hombre no estaba satisfecho.
the man not was satisfied

No estaba satisfecho con Dios ni con su mujer ni
Not *he was* *satisfied* *with* *God* *nor* *with* *his* *wife* *nor*

con sus hijos.
with *his* *children*

Tampoco estaba satisfecho del tiempo.
Neither *he was* *satisfied* *of the* *weather*

Cuando hacía frío decía: "Hace frío; este tiempo no es
When *it was cold* *he said* *It is cold* *this* *weather* *not* *is*

bueno para mis viñas."
good *for* *my* *vines*

Cuando llovía, exclamaba: "Llueve demasiado; el tiempo
When *it rained* *he exclaimed* *It rains* *too much* *the* *weather*

está muy húmedo. Debemos tener sol."
is *very* *humid (wet)* *We must* *have* *sun*

Cuando hacía sol, tampoco estaba satisfecho.
When *it was sunny* *neither* *he was* *satisfied*

31 Un Hombre Insaciable

Hoy hacía mucho frío, mañana mucho calor, ora el
Today it is very cold tomorrow very hot now the

tiempo era muy húmedo, ora muy seco.
weather it was very humid now very dry
(wet)

Un día entró en su viña. Allí estaban las hermosas
One day he entered in his vineyard There were the beautiful

uvas. Tenía más uvas que todas las otras personas
grapes He had more grapes than all the other people

de Extremadura; pero no estaba satisfecho. "Estas uvas
of Extremadura but not he was satisfied These grapes

son muy pequeñas", dijo. "Hace mal tiempo;
are very small he said It is bad weather

hace mucho frío. No hace bastante calor."
it is very cold Not there is enough heat

En este momento se presentó en la viña un hombre
On this moment presented himself in the vineyard a man

alto y hermoso. Este hombre dijo:
tall and beautiful This man said

"Nunca está Usted satisfecho del tiempo. Siempre hace
Never are you satisfied with the weather Always it is

frío o calor, es muy húmedo o muy seco. ¿Puede
cold or hot it is very wet or very dry can

Usted hacer un tiempo mejor?"
you make a weather better

"Sí," respondió el hombre rico, "yo puedo hacer mejor
Yes responded the man rich I can make better

tiempo."
weather

"Pues bien," dijo el extranjero, "el año que viene
Then well said the stranger the year that comes

debe Usted hacer el tiempo para sus viñas."
must you make the weather for your vineyards

Entonces el extranjero desapareció.
Then the stranger disappeared

El año próximo llegó. Era el mes de marzo.
The year next arrived It was the month of March

33 Un Hombre Insaciable

"Quiero nieve," dijo el hombre rico. Entonces empezó a
nevar.

Llegó el mes de abril. "Ahora quiero lluvia," dijo el hombre rico. Entonces empezó a llover.

"Muy bien," dijo el hombre, "pero ahora quiero un tiempo caluroso." Entonces hacía sol y el hombre estaba satisfecho con sus viñas y con el tiempo.

Así el hombre hacía el tiempo todo el verano. Llovía cuando quería y hacía sol cuando quería.

Tenía   en   la   viña   muchas   hermosas   uvas.   Entonces
He had   in   the   vineyard many   beautiful   grapes   Then

dijo: "Mis   uvas   son   las   más   hermosas   de   Extremadura.
he said My   grapes   are   the   most   beautiful   of   Extremadura

Nunca   he   visto   uvas   tan   hermosas."
Never   I have seen   grapes   so   beautiful

Al   fin   llegó   el   otoño   y   empezó   la   vendimia.   El
In the end   arrived the   autumn   and began   the   wind   The

hombre   cogió   algunas   uvas   pero   eran   ácidas   como   el
man   took   some   grapes   but   they were sour   like   the

vinagre.   Nunca   había   visto   uvas   tan   agrias.
vinegar   Never   he had   seen   grapes   so   bitter

En   este   momento   llegó   el   extranjero.   "Este   año,"   dijo,
At   this   moment   arrived the   stranger   This   year   he said

"hace   Usted   el   tiempo.   ¿Cómo   encuentra   las   uvas?"
made   you   the   weather   How   you find   the   grapes

"Malas,   muy   malas,"   respondió   el   hombre   rico,   "son
Bad   very   bad   responded   the   man   rich   they are

ácidas   como   el   vinagre."
sour   like   the   vinegar

35 Un Hombre Insaciable

Entonces dijo el extranjero, "Ya lo comprendo. Usted
Then said the stranger Already it I understand You

ha dado a la viña nieve, lluvia, sol, calor y frío,
have given to the vineyard snow rain sun heat and cold

pero ha olvidado el viento."
but you have forgotten the wind

LOS   TRES   OSOS
THE   THREE   BEARS

Cerca de un bosque hermoso vivían tres osos. Estos
Close to a forest beautiful lived three bears These
[beautiful forest]

osos eran muy buenos y amables. Habían construido
bears were very good and friendly They had build

una casa cómoda solamente con una puerta y una
a house comfortable just with a door and a

ventana. Uno de los osos era muy pequeño, uno de
window One of the bears was very little one of

tamaño mediano y el otro muy grande.
size average and the other one very large

Tenían en la casa todo lo necesario. Tenían un plato
They had in the house all that necessary They had a plate
(that was)

pequeño para el oso pequeño, un plato mediano para
little for the bear little a plate midsize for

el oso mediano, y un plato grande para el oso
the bear of average size and a plate large for the bear

grande.
large

Tenían una silla pequeña para el oso pequeño, una
They had one chair little for the bear little one

silla mediana para el oso mediano, y una silla grande
chair midsize for the bear of average size and one chair large

para el oso grande. Tenían una cama pequeña para
for the bear large They had one bed little for

el oso pequeño, una cama mediana para el oso
the bear little one bed midsize for the bear

mediano, y una cama grande para el oso grande. Y
of average size and one bed large for the bear large And

esto era todo.
this was everything

Una mañana tenían sopa para el almuerzo. Echaron la
One morning they had soup for the lunch They poured the
                                     ()

sopa en los platos. Pero la sopa estaba tan caliente
soup in the plates But the soup was so hot

que no podían tocarla con la lengua. Los osos, como
that not they could touch it with the tongue The bears like

Ustedes saben, no emplean ni cucharas, ni cuchillos,
you know not use neither spoons nor knives

ni tenedores.
nor forks

Los   platos   de   sopa   estaban   en   el   suelo,   porque   los
The   plates   of   soup   were   on   the   ground   because   the

osos   no   emplean   mesas.
bears   not   use   tables

"Vamos   a   dar   un   paseo,"   dijo   el   oso   grande;   "y
We go   to   give   a   stroll   said   the   bear   large   and
(Let's go) ()   (have)

cuando   volvamos   podemos   tomar   la   sopa."
when   we return   we can   take   the   soup

Los   osos   tenían   hambre,   mucha   hambre,   pero   eran
The   bears   had   hunger   much   hunger   but   they were
                [were hungry , very hungry   ]

muy   pacientes   y   salieron   todos   a   dar   un   paseo   por
very   patient   and   they left   all   to   give   a   stroll   through
                                                      (have)

el   bosque;   primero   el   oso   grande,   después   el   oso
the   forest   first   the   bear   large   then   the   bear

mediano   y   por   último   el   oso   pequeño.
of average size and   as   last   the   bear   little

Poco   después   entró   una   niña   en   el   bosque.
Little   later   entered   a   girl   in   the   forest
(A little)

Vio la pequeña casa pero no sabía de quién era.
She saw the little house but not knew of who it was

Pensaba que la casa era muy hermosa y quería
She thought that the house was very beautiful and she wanted

entrar para verla. Así, llamó a la puerta.
to enter to see it Thus she called at the door

Nadie respondió. Ella creía que todas las personas de
Nobody responded She believed that all the people of

la casa estaban dormidas. Llamó otra vez, pero nadie
the house were asleep She called another time but nobody

respondió.
responded

Ahora creía la niña que nadie estaba en la casa.
Now believed the girl that nobody was in the house
[the girl believed]

Abrió la puerta y entró. Todo parecía tan cómodo que
She opened the door and entered Everything seemed so comfortable that

quería quedarse allí algunos minutos. Estaba muy
she wanted to stay there some minutes She was very

cansada y quería descansar.
tired and she wanted to rest

Vio la niña los tres platos en el suelo. Tenía mucha
Saw the girl the three plates on the ground She had much
[The girl saw] (She was) (very)

hambre y quería probar la sopa. Probó la sopa que
hunger and she wanted to taste the soup She tasted the soup that
(hungry)

estaba en el plato grande. Estaba muy fría. Entonces
was in the plate large It was very cold Then

probó la sopa que estaba en el plato mediano; pero
she tasted the soup that was in the plate midsized but

estaba muy caliente. Entonces probó la sopa que
it was very hot Then she tasted the soup that

estaba en el plato pequeño y le gustó tanto que se
was in the plate little and her it pleased so much that herself

la tomó toda.
it she took all

Al otro lado del cuarto estaban las tres sillas. La
At the other side of the room were the three chairs The

niña quería descansar antes de ir a casa.
girl wanted to rest before of going to home

Primero probó la silla grande; pero era muy alta.
First she tried the chair large but it was very high

Después   probó   la   silla   mediana;   pero   era   muy   ancha.
Then   she tried the chair   midsized   but   it was very wide

Por   último   probó   la   silla   pequeña;   pero   al   sentarse   en
At   last   she tried the chair   little   but   at   sitting herself in
                                                                (sitting down)

ella,   la   hizo   pedazos.
it   it   she made to pieces
        [she   broke it]

Luego   vio   las   camas   en   la   alcoba,   y   quería   dormir
Soon   she saw the   beds   in   the   alcove   and   she wanted to sleep

la   siesta   antes   de   ir   a   casa.
the siesta   before   of   going to home

Primero   probó   la   cama   grande;   pero   era   demasiado
First   she tried the bed   large   but   it was too

blanda.   Después   probó   la   cama   mediana;   pero   era
soft   Then   she tried the bed   midsized   but   it was

demasiado   dura.   Por   último   probó   la   cama   pequeña   y
too   hard   At   last   she tried the bed   little   and

como   era   muy   cómoda   y   le   gustó,   se   echó   en   ella
as   it was very comfortable and her it pleased she threw herself on   it

y   se   durmió.
and fell asleep

43 Los Tres Osos

Mientras dormía los tres osos volvieron a casa.
While she slept the three bears returned to home

Tenían hambre después de su paseo y querían tomar
They had hunger after of their stroll and they wanted to take
(They were hungry) ()

la sopa. El oso grande levantó su plato y bramó:
the soup The bear large raised his plate and roared

"¡Alguien ha probado mi sopa!"
Somebody has tasted my soup

Entonces el oso mediano levantó su plato y gruñó:
Then the bear of average size raised her plate and growled

"¡Alguien ha probado mi sopa también!"
Somebody has tasted my soup as well

Por último el oso pequeño levantó su plato y gritó:
At last the bear little raised his plate and shouted

"¡Alguien ha probado mi sopa y se la ha tomado!"
Somebody has tasted my soup and himself it has eaten

Entonces fueron todos al otro lado del cuarto a
Then they went all to the other side of the room to

sentarse en sus sillas. Primero el oso grande probó
seat themselves in their chairs First the bear large tried

su silla y bramó:
his chair and roared

"¡Alguien se ha sentado en mi silla!"
Somebody himself has sat in my chair

Entonces el oso mediano probó su silla y gruñó:
Then the bear of average size tried her chair and growled

"¡Alguien se ha sentado en mi silla también!"
Somebody himself has sat in my chair also

45 Los Tres Osos

Entonces el oso pequeño probó su silla y gritó:
Then the bear little tried his chair and he shouted

"¡Alguien se ha sentado en mi silla y la ha
Somebody himself has sat in my chair and it has

hecho pedazos!"
made to pieces
(broken)

Después entraron todos en la alcoba. El oso grande
Later they entered all in the alcove The bear great

fue el primero que vio su cama y bramó:
was the first that saw his bed and he roared

"¡Alguien ha dormido en mi cama!"
Somebody has slept in my bed

Entonces el oso mediano vio su cama y gruñó:
Then the bear of average size saw her bed and she growled

"¡Alguien ha dormido en mi cama también!"
Somebody has slept in my bed also

Por último vio su cama el oso pequeño y gritó con
At last saw his bed the bear little and he shouted with

voz aguda:
voice shrill

"¡Alguien ha dormido en mi cama y aquí está!"
Somebody has slept in my bed and here she is

Este ruido despertó a la niña. Cuando abrió los ojos
This noise woke up to the girl When she opened the eyes
() (her)

y vio a los osos, estaba muy asustada. Se levantó
and she looked at the bears she was very scared Herself got up
() (She got up)

y huyó de la casa.
and fled from the house

Los tres osos fueron a la puerta para mirar tras ella.
The three bears were at the door to watch after her

Vieron que ella corría por el bosque hacia su casa.
They saw that she ran through the forest towards her house

No la persiguieron, porque eran buenos y amables.
Not her they persecuted because they were good and friendly

Y eso es todo lo que sé acerca de la niña y de
And that is everything that what I know concerning the girl and of

los tres osos que vivían en el hermoso bosque en
the three bears that lived in the beautiful forest in

la pequeña casa con solamente una ventana y una
the little house with only a window and a

puerta.
door

LOS TRES BARCOS
THE THREE BOATS

Cierto hombre rico tenía tres hijos. El hijo mayor no
Certain man rich had three children The son elder not
(A certain)

quería quedarse en casa; quería ver el mundo. Su
wanted to stay at home he wanted to see the world His

padre dió su consentimiento.
father gave his consent

Una mañana salió el joven de la casa de su padre.
One morning left the young man from the house of his father

El padre le dió su bendición. También le regaló
The father him gave his blessing Also him he gave

mucho dinero y un barco de oro. El joven se metió
much money and a boat of gold The young man himself put
(got)

en el barco y se marchó. Llegó a una ciudad y fue
into the boat and himself marched he arrived at a city and went
(set off)

a una posada. Los mozos de la posada pusieron el
to an inn The boys of the inn put the
(servants)

barco en una sala cerca de su alcoba.
boat in a room close to his alcove

Entonces el joven salió a ver la ciudad.
Then the young man left to see the city

Cuando pasó por el palacio vio un letrero en la
When he passed by the palace he saw a signboard on the

puerta que decía:
gate that said

"Dentro del palacio está escondida la hija del rey. El
Inside of the palace is hidden the daughter of the king He

que la encuentre puede casarse con ella."
that her finds can marry with her

Él entró para buscarla; pero el rey le dijo que si no
He entered to look for her but the king him said that if not

podía encontrarla dentro de tres días sería encerrado
he could find her within of three days he would be locked up

en el palacio. Él la buscó, pero no podía encontrarla
in the palace He her looked for but not he could find her

y le encerraron en un cuarto del palacio.
and him they locked up in a room of the palace

51 Los Tres Barcos

Como el hijo mayor no volvió a casa, el segundo
As the son older not returned to (the) house the second

hijo salió a buscarle. Su padre le dió su bendición y
son left to look for him His father him gave his blessing and

le regaló un barco de plata. Se metió en el barco
him gave a boat of silver himself he put into the boat
(got)

y se marchó. Después de algunos días llegó a la
and he set off After of some days he arrived at the

misma ciudad y a la misma posada que su hermano.
same city and at the same inn as his brother

Los mozos de la posada pusieron el barco de plata
The boys of the inn put the boat of silver
(servants)

en la misma sala con el barco de oro. Vio el
in the same room with the boat of gold saw the

joven el barco de oro y conoció que su hermano
youth the boat of gold and he knew that his brother

estaba en la ciudad.
was in the city

Salió a ver la ciudad, pasó por el palacio y vio el
He left to see the city he passed by the palace and He saw the

letrero en la puerta.
signboard on the gate

Entró para buscar a la princesa. El rey dijo que allí
He entered to search for the princess The king said that there

estaba un joven encerrado porque no podía encontrarla.
was a young man locked up because not he could find her

La misma suerte le esperaba si no podía encontrarla
The same fate him awaited if not he could find her

dentro de tres días. Él se decidió a buscarla pero
within of three days He himself decided to look for her but

tampoco la halló y le encerraron.
neither her he found and him they locked up

Como los dos hijos no volvieron a casa, el hijo
As the two sons not returned to home the son

menor quería ir a buscarlos. Su padre le dió su
minor wanted to go to look for them His father him gave his

bendición y le regaló un barco de seda. Se metió
blessing and him gave a boat of silk himself he put
(got)

en el barco y se marchó. Llegó a la misma ciudad
into the boat and himself He marched He arrived at the same city
(set off)

y a la misma posada que sus hermanos.
and at the same inn as his brothers

53 Los Tres Barcos

Los mozos pusieron su barco con los otros dos.
The boys put his boat with the other two
(servants)

Cuando vio el barco de oro y el de plata conoció
When he saw the boat of gold and the one of silver he knew

que sus hermanos estaban en la ciudad.
that his brothers were in the city

También salió este joven a ver la ciudad. Vio el
Also left this young man to see the city He saw the

letrero en la puerta del palacio del rey. Se sentó en
signboard on the gate of the palace of the king Himself he sat on
[he sat down]

una piedra cerca de la puerta pensando si entraría o
a stone close of the door thinking if he should enter or
(to)

no. Después de algunos momentos se presentó una
not After of some moments herself presented one

vieja que ofreció ayudarle. Ella preguntó si era rico.
old woman that offered to help him She asked if he was rich

El contestó que tenía tres barcos, uno de oro, uno
He answered that he had three boats one of gold one

de plata y otro de seda.
of silver and another one of silk

La vieja respondió:
The old woman responded

"Debe Usted mandar hacer un loro grande de oro
Must You command to make a parrot large of gold
[You must]

con peana de plata. En vez de ojos debe tener
with pedestal of silver Instead of eyes it must have

agujeros."
holes

Colocóse este hermoso pájaro de oro y plata cerca
He put this beautiful bird of gold and silver close by

del palacio. Cuando lo vio el rey, quería examinarlo.
of the palace When it saw the king he wanted to examine it
(was seen by)

Lo llevaron seis hombres al palacio. Le gustó mucho
It took six men to the palace Him it pleased much
(was taken by)

al rey este loro grande y creía que también gustaría
the king this parrot large and he believed that also it would please

a su hija. Por eso dijo a los seis hombres que
to his daughter For that he said to the six men that

llevasen el pájaro a la princesa. El joven, que estaba
they bring the bird to the princess The young man that was

dentro del loro, miraba por los agujeros que tenía
inside of the parrot watched through the holes that it had

en vez de ojos.
instead of eyes

Él notó que levantaron una baldosa detrás de una
He noticed that they raised a tile behind of a

cama; que bajaron una escalera; que llegaron a un
bed that they went down a stairs that they arrived at a

patio; que abrieron la entrada a otra escalera; que
patio that they opened the entrance to another stairs that

bajaron ésta y llegaron a otro patio; que abrieron una
they went down this one and they arrived at another patio that they opened a

puerta y allí estaba la princesa con dos compañeras.
door and there was the princesa with two companions

Las tres jóvenes estaban vestidas de la misma manera.
The three young women were dressed of the same way
(in)

Los seis hombres pusieron el loro en la alcoba de
The six men put the parrot in the alcove of

la princesa. Durante la noche el joven tenía sed y
the princess During the night the young man had thirst and
(was thirsty)

salió del loro para beber. Cuando cogió el vaso de
got out from the parrot to drink When he took the glass of

agua tocó la mano de la princesa que también
water he touched the hand of the princesa who also

tenía sed.
had thirst
(was thirsty)

La princesa estaba muy asustada pero el joven le
The princess was very frightened but the young man her

dijo que iba a librarla de aquel encierro. Ella se
said that went to free her of that confinement She herself
(he came)

tranquilizó y le dijo que llevaría en el dedo una
calmed down and him said that she would take on the finger a
(her)

cinta roja. Como sus compañeras tendrían cintas azules,
ribbon red As her companions would have ribbons blue

él la conocería de esta manera.
he her would know by this way

Por la mañana sacaron el loro. Entonces el joven se
By the morning they removed the parrot Then the young man himself

presentó en el palacio para buscar a la princesa. El
he presented in the palace to search for the princess The

rey le dijo que era necesario encontrarla dentro de
king him said that it was necessary to find her within of

tres días. Si no podía hacer esto le encerrarían con
three days If not he could do this him they would lock up with

sus dos hermanos.
his two brothers

57 Los Tres Barcos

Él insistió en entrar y comenzó a buscar. El primer
He insisted on entering and began to search The first

día fingió no poder encontrarla. El segundo día sucedió
day he pretended not to be able to find her The second day happened

lo mismo. El tercer día, levantó la baldosa detrás de
the same The third day he raised the tile behind of

la cama, bajó la escalera, llegó al patio, abrió la
the bed went down the stairs arrived at the patio opened the

entrada a la otra escalera, la bajó y llegó al otro
entrance to the other stairs it descended and arrived at the other
(them)

patio, abrió la puerta y vio las tres jóvenes. El rey
patio he opened the door and he saw the three girls The king

creía que no le era posible reconocer a la princesa
he believed that not to him it was possible to recognize to the princess

entre sus compañeras. Pero él la escogió porque vio
between her companions But he her chose because he saw

la cinta roja en su dedo. Entonces el rey dijo:
the ribbon red on her finger Then the king he said

"No tengo más remedio que darle mi hija por esposa,
Not I have more choice than to give you my daughter as wife

porque la ha encontrado Usted dentro de tres días."
because her have found you within of three days

El rey puso en libertad a los dos hermanos del joven.
The king put in freedom to the two brothers of the young man
            (set free)

Éste envió por su padre, y con mucho regocijo
That one sent for his father and with much rejoicing
(The latter)

se celebraron las bodas del hijo menor con la
they celebrated the wedding of the son youngest with the

hermosa princesa.
beautiful princess

59   Los Tres Barcos

EL PRÍNCIPE OSO
THE PRINCE BEAR

Había una vez un comerciante que tenía tres hijas
It had one time a merchant who had three daughters
(There was)

muy bonitas, sobre todo la más pequeña a quien
very pretty above all the most small of who

quería mucho. Toda su fortuna consistía en un barco
(he) loved much All his wealth consisted of a boat

que tenía en el mar, con el que hacía sus negocios.
that (he) had in the sea with which that (he) did his deals

Por entonces lo había mandado muy lejos y estaba
By then it (he) had ordered very far and (he) was

aguardándolo, cuando le dieron la noticia de que se
awaiting it when him (they) gave the news of that itself

había ido a pique. El pobre hombre se puso muy
(it) had gone missing The poor man set himself very
(became)

triste porque, como no poseía más que aquel barco,
sad because like not (he) had more than that boat

estaba arruinado.
(he) was ruined

Así   pasó   algún   tiempo   y   gastaron   lo   poco   que   tenía,
Thus   passed   some   time   and   (they) spent   the   little   that   (he) had

cuando   supo   que   el   barco,   que   sólo   había   estado
when   (he) found out   that   the   boat   that   only   had   been

perdido,   había   encontrado   el   camino   y   estaba   en   un
lost   had   found   the   way   and   was   in   a

puerto   aguardando   sus   órdenes.
port   waiting   his   orders

El   hombre   estaba   muy   contento   y   dispuso   ir   al   puerto
The   man   was   much   pleased   and   (he) arranged   to go   to the   port

donde   estaba   el   barco   y   preguntó   a   sus   hijas   qué
where   was   the   boat   and   (he) asked   of   his   daughters   what

querían   que   les   trajese.
(they) wanted   that   them   (he) brought

"A   mí,   un   vestido   de   seda,"   dijo   la   mayor.
For   me   a   dress   of   silk   said   the   elder

"Y   a   mí,"   dijo   la   segunda,   "un   pañuelo   bordado."
And   for   me   said   the   second   a   handkerchief   embroidered

"¿Y tú, qué quieres?" dijo a la hija menor.
And you what want (he) said to the daughter youngest
(do you want)

"Yo quiero una flor de lis del huerto que encuentre
I want a lily flower of the garden that encounter

Usted en el camino."
you on the way

Se fue mi hombre, llegó al puerto y vendió el
He went my man arrived at the port and (he) sold the
(this)

cargamento. Compró el vestido y el pañuelo, pero no
shipment (He) bought the dress and the handkerchief but not

pudo encontrar la flor de lis.
could find the lily flower

Como volvía a su casa, vio una casa con unos
As (he) returned to his house (he) saw a house with some

jardines tan hermosos, que dijo: "Voy a ver si en
gardens so beautiful that (he) said (I) go to see if in

estos jardines tienen la flor de lis y me la venden."
these gardens (they) have the lily flower and me it they sell

Entró en la casa y no vio a nadie a quien
(He) entered in the house and not saw to nobody to who

preguntar, recorrió todos los jardines y al fin vio una
to ask (He) crossed all the gardens and at the end (he) saw a
(finally)

planta con una flor de lis tan bonita, que se decidió
plant with one lily flower so pretty that (he) decided for himself

a llevársela.
to take it with him

Viendo que no había nadie a quien pedirla, fue y la
Seeing that not it had nobody of whom to request it went and it
(there was) (he went)

cortó.
cut

Tan pronto como la había cortado, se le apareció un
As soon as it (he) had cut himself to him appeared a

oso tan grande que retrocedió asustado.
bear so large that (he) backed down afraid

"¿Quién te ha dado permiso para cortar esta flor?" le
Who to you has given permission to cut this flower him

dijo el oso.
said the bear

"Nadie, señor, sino que una de mis hijas me había
Nobody / Sir / if not / that / one / of / my / daughters / me / had

pedido una flor de lis, no la he encontrado
asked / a / lily flower / not / it / (I) had / found

en ninguna parte, y al pasar por aquí entré a ver si
nowhere / and / coming by / here / (I) entered / to / see / whether

estaba aquí, pero como no he visto a nadie, creí
(it) was / here / but / as / not / (I) had / seen / nobody / (I) believed

que no tenía dueño y la he cortado. ¿Cuánto tengo
that / not / it had / owner / and / it / (I) have / cut / How much / (I) have

que pagar?"
to / pay

"Estas flores no se venden," dijo el oso, "pero puesto
These / flowers / not / are for sale / said / the / bear / but / since

que la has cortado, llévatela, pero en cambio has de
that / it / (you) have cut / take it with you / but / in / exchange / (you) have to

traerme la más pequeña de tus hijas, la que ha
bring to me / the / most / small / of / your / daughters / she / that / has

pedido la flor."
asked / the / flower

"¡Ah! no señor," dijo el padre, "a ese precio no
Ah / no / Sir / said / the / father / for / that / price / not

quiero la flor, tómela Usted."
(I) want / the / flower / take it / you

"No   puede   ser,"   respondió   el   oso,   "ya   la   has   cortado
Not   (it) can   be   responded   the   bear   already   it   (you) have   cut

y   el   daño   que   has   hecho,   sólo   tu   hija   puede
and   the   damage   that   (you) have   done   only   your   daughter   can

remediarlo;   si   no   la   traes,   moriréis   todos."
remedy it   if   not   her   (you) bring   (you) will die   all

Se   fue   el   pobre   comerciante   muy   desconsolado   y
Himself   went   the   poor   merchant   very   heartbroken   and
[The   poor   merchant   left   ]

así que   llegó   a   su   casa,   dió   los   regalos   a   sus   hijas,
this way   (he) arrived   at   his   house   (he) gave   the   gifts   to   his   daughters

que   se   pusieron   muy   contentas,   pero   como   le   veían
that   became   very   happy   but   as   him   (they) saw

siempre   triste   le   preguntó   la   más   pequeña:
always   sad   him   asked   the   most   small

"¿Porqué   está   Usted   tan   triste   padre?"
Why   are   you   so   sad   father

"Por   nada,   hija   mía,"   contestó   el   padre.
For   nothing   daughter   mine   answered   the   father

"No;   Usted   oculta   alguna   pena   que   no   quiere   decir,
No   you   hide   some   suffering that not (you) want to tell

porque   siempre   que   me   mira,   le   veo   a   Usted   llorar."
because always   when me   (you) watch it (I) see you   cry

Al fin   tanto   porfió   la   hija   que   el   padre   se   lo   contó
In the end so much insisted the daughter that the father himself her told

todo.   Entonces   la   hija   le   dijo   que   la   llevase   a   aquel
everything Then   the daughter him said that her (he) takes to that

jardín.   El   padre   no   quería,   pero   al   fin   la   llevó   al
garden   The father not wanted   but   in the end her took to the

jardín   y   la   dejó   en   la   casa   como   había   prometido   al
garden   and her left in   the house like   (he) had promised to the

oso.   Allí   tenía   todo   lo   que   deseaba,   pero   sin   ver   a
bear   There (she) had everything that what (she) wished but without seeing

nadie   en   la   casa;   sólo   de   noche,   solía   oír   unos
nobody in   the house   only   at night   (she) kept hearing some

quejidos   en   el   jardín,   pero   no   se   atrevió   a   llegarse
whining   in   the garden   but   not herself (she) dared to get herself

a   ver   lo   que   era.
to see that what (it) was

Al   fin,   una   tarde   oyó   que   los   quejidos   eran   más
In the end   one   afternoon   she heard   that   the   complaints   were   more

tristes   que   de   ordinario   y   se   decidió   a   ver   lo   que
sad   than   usual   and   (she) decided   to   see   that   what

era.   Entró   en   el   jardín   y   junto   a   la   planta   de   la
(it) was   She entered   in   the   garden   and   next   to   the   plant   of   the

flor   de   lis   halló   un   oso   tendido   moribundo,   con   una
lily flower   she found   a   bear   laying   dying   with   a

mirada   tan   triste   que   a   ella   le   dió   compasión.
look   so   sad   that   to   her   it   gave   compassion

"¿Qué   tienes?"   le   dijo.   "¿Estás   malo?"
What   have you   him   (she) said   Are you   sick
    (is the matter)

El   oso   le   dijo   que   sí.
The   bear   her   said   that   yes
    ()

"¿Cómo   puedo   yo   curarte?"
How   can   I   cure you

Entonces   el   oso,   señalando   la   flor   y   la   planta,   le
Then   the   bear   indicating   the   flower   and   the   plant   her

contestó:
(he) answered

"El   remedio   está   en   tu   mano."
The   cure   is   in   your   hand

Ella   miró   la   planta   y   comprendiendo   que   de   allí   la
She   looked at the   plant   and   understanding   that   from   there   it

había   cortado   su   padre,   puso   la   flor   sobre   el   tallo.
had   cut   her   father   she put   the   flower   over   the   stem

Después   dió   la   mano   al   oso   que   se   levantó
Then   (she) gave the   hand   to the   bear   that   rose
                      (her)

convertido en   un   caballero joven   y   hermoso,   el   cual   le
turned   into   a   nobleman   young   and   handsome   that which   her
                                                                              (who)

dijo   que   era   un   príncipe   encantado y   que   gracias   a
told   that   (he) was   a   prince   enchanted and   that   thanks   to

ella   había   salido   del   encantamiento;   que   si   quería
her   (he) had   gotten out of the   enchantment   that   if   (she) wanted

casarse   con   él,   se   la   llevaría   a   su   corte   y   sería
to marry   with   him   himself   her   (he) would take to   his   court   and   (she) would be

princesa.
princess.

Se fueron y se casaron y fueron felices por toda su
Went   and (they) married   and (they) were   happy   for   all   of their
(They went)

vida, llevándose ella a su padre y a sus hermanas,
lives   taking with herself she   to   her   father   and to   her   sisters
                      ()   ()

que también se casaron.
(so) that   also   (they) married

LOS   CUATRO   HERMANOS
THE   FOUR   BROTHERS

Un   zapatero   tenía   cuatro   hijos   que   deseando   buscar
A   shoemaker   had   four   children   that   wishing   to look for

su   fortuna   por   el   mundo,   dijeron   un   día   a   su   padre:
their   fortune   throughout the   world   said   one   day   to   their   father

"Padre,   somos   mayores   de   edad   y   deseamos   viajar
Father   (we) are   major   of   age   and   (we) desire   to travel

por   el   mundo   y   buscar   fortuna."
through   the   world   and to look for fortune

"Muy   bien,"   dijo   el   zapatero   y   dio   a   cada   uno   de
Very   well   said   the   shoemaker   and   he gave   to   each   one   of

sus   hijos   un   caballo   y   cien   duros   para   la   jornada.
his   children   a   horse   and   one hundred goldpieces   for   the   journey

Los   jóvenes,   muy   contentos,   se   despidieron   de   su
The   youngsters   very   content   themselves   took leave   of   their

padre   y   partieron   en   busca   de   fortuna.
father   and   parted   in   search   of   fortune

Caminaron los hermanos algún tiempo y al llegar a
Walked the brothers some time and upon the arrival at

una encrucijada, donde partían cuatro caminos, el
a crossroads where split four roads the

hermano mayor dijo: "Hermanos míos, separémonos; cada
brother elder said Brothers of mine (we) shall separate each

uno tome un camino, busque su fortuna y después de
one take a road look for his fortune and after

un año nos reuniremos otra vez aquí."
one year we will reunite another time here

Los cuatro caminos conducían a cuatro ciudades muy
The four roads led to four cities very

hermosas, adonde llegaron los hermanos y cada uno
beautiful where arrived the brothers and each one

en su ciudad buscó quehacer inmediatamente. El
in his city looked for something to do immediately The

hermano mayor aprendió a zapatero, el segundo estudió
brother elder learned for shoemaker the second studied

para astrólogo, el tercero se convirtió en un buen
for astrologer the third himself turned in a good

cazador y el hermano menor se hizo ladrón.
hunter and the brother younger himself made into thief

Después de un año los cuatro hermanos se reunieron
After   one year the four brothers themselves reunited

de nuevo en la encrucijada.
again   at the crossroads

"Gracias a Dios," dijo el hermano mayor, "todos
Thanks to God said the brother elder all

estamos sanos y salvos y cada uno ha aprendido a
are   healthy and safe and each one has learned to

hacer algo."
to do something

Y juntos regresaron a casa. El padre se puso muy
And together (they) returned to home The father himself he became very

contento al verlos llegar y pidió a sus hijos que le
content to see them arrive and (he) requested from his children that him

contaran sus aventuras. Julio, el hijo mayor, dijo que
they tell their adventures Julio, the son older said that

había estado en Toledo y que había aprendido el
he had stayed in Toledo and that he had learned the

oficio de zapatero. "Muy bien," dijo su padre, "es un
profession of shoemaker Very well said his father it is a

oficio honrado."
profession honest

"Pero yo no soy un zapatero vulgar," respondió Julio,
But I not am a shoemaker ordinary responded Julio

"remiendo a la perfección, y no tengo más que decir
I mend to the perfection and not I have more than to say

estas palabras: '¡Remiéndate!' y las cosas viejas quedan
these words Repair yourself and the things old are left

como nuevas."
like new

El padre, dudando lo que decía su hijo, le dió un
The father doubting that what said his son him gave a

par de zapatos viejos.
pair of shoes old

Julio tomó los zapatos, los puso en frente y dijo:
Julio took the shoes them he put in front and he said

"¡Remiéndate!" Al instante los zapatos se convirtieron en
Repair yourself At that instant the shoes themselves turned in

otros relucientes y casi nuevos. El atónito padre
others shining and almost new The astonished father

exclamó: "¡Excelente, has aprendido más en Toledo que
exclaimed Excellent you have learned more in Toledo than

en la escuela!"
in the school

Entonces   el   viejo   zapatero   preguntó   a   su   segundo   hijo,
Then   the   old   shoemaker   asked   of   his   second   son

Ramón: "Y   tú,   Ramón   ¿qué   has   aprendido?"
Ramon   And   you   Ramon   what   you have learned

"Padre   mío,   estuve   en   Madrid   y   estudié   para   astrólogo
Father   of mine   I was   in   Madrid   and   I studied   for   astrologer

y   soy   un   astrólogo   extraordinario.   No   hago   más   que
and   I am   an   astrologer   extraordinary   Not   I do   more   than

ver   al   cielo   para   saber   inmediatamente   lo   que   sucede
to watch at the sky   for   to know   immediately   that   what   happens

sobre   la   tierra."
on   the   earth

"¡Maravilloso!"   exclamó   el   padre   y   dirigiéndose   a   su
Wonderful   exclaimed   the   father   and   directing himself   at   his

tercer   hijo   Enrique,   dijo:"¿Qué   oficio   has   aprendido,
third   son   Enrique   said   What   profession   you have   learned

Enrique?"
Enrique

"Soy   cazador,   pero   un   cazador   sorprendente."
I am   hunter   but   a   hunter   surprising

"Cuando veo a un animal no hago más que decir:
When I see to an animal not I do more than to say
()

'¡Muérete!' y el animal se muere en seguida."
Die and the animal itself dies subsequently

El padre viendo una ardilla le dijo: "Mata aquella
The father seeing a squirrel him told Kill that

ardilla y creeré lo que dices." Enrique dijo:"¡Muérete!" y
squirrel and I will believe that what you say Enrique said Die and

la pobre ardilla cayó muerta.
the poor squirrel fell dead

Por fin el zapatero preguntó a su hijo menor Felipe:
Finally the shoemaker asked of his son minor Felipe

"¿Qué oficio has aprendido tú?"
What office have learned you

"He aprendido a robar," respondió Felipe.
I have learned to rob responded Felipe

"Pero no soy un ladrón ordinario; no hago más que
but   not I am a   thief   ordinary   not I do more than

pensar en la cosa que deseo tener, y esta cosa
to think of the thing that I desire to have and this thing

viene por sí mismo a mis manos." Como el padre
comes by itself same to my hands   As   the father

quería ver la ardilla muerta por Enrique, dijo al
wanted to see the squirrel dead because of Enrique (he) said to the

astrólogo: "¿Dónde está la ardilla?"
astrologer   Where   is   the squirrel

"Debajo de aquel árbol," respondió Ramón. En seguida
Underneath of that tree responded Ramon In followed
                                                    (Next)

Felipe, el ladrón, pensó en la ardilla y ésta apareció
Felipe the thief   thought of the squirrel and it   appeared

al instante sobre la mesa.
at that instant on the table

El viejo zapatero estaba muy contento y orgulloso de
The old shoemaker was very content and proud of

las habilidades de sus hijos.
the abilities of his children

Un día los cuatro hermanos supieron que la princesa
One day the four brothers found out that the princess

Eulalia, la única hija del rey, se había perdido. El
Eulalia the only daughter of the king herself had disappeared The
()

rey ofreció su reino y la mano de su hija al
king offered his kingdom and the hand of his daughter to the

caballero que pudiese hallarla y traerla al palacio.
knight that could find her and bring her to the palace

Los hermanos fueron al palacio, y dijeron al rey que
The brothers went to the palace and said to the king that

ellos podían hallar a la princesa. El rey muy contento
they could find to the princess The king very content
()

les repitió su promesa. Durante la noche el astrólogo
to them repeated his promise During the night the astrologer

miró al cielo y vio en una isla lejana a la princesa,
watched the sky and saw on an island distant to the princess
()

a quien un dragón tenía prisionera. Los cuatro
whom a dragon had prisoner The four
(taken)

hermanos después de un viaje penoso y largo llegaron
brothers after of a journey difficult and long arrived
()

a la isla.
at the island

Cuando el ladrón vio a la princesa que se paseaba
When the thief saw to the princess that herself took a walk

por la playa, exclamó:
on the beach he exclaimed

"¡Deseo a la princesa en nuestro barco!" e
I desire to the princess in our boat and
(that)

inmediatamente la princesa estuvo en el barco; pero
immediately the princess was in the boat but

como el dragón vio esto, con rugido terrible se
as the dragon saw this with roar terrible itself

precipitó sobre el barco. El cazador exclamó al
it threw on the boat The hunter exclaimed at that

instante: "¡Muérete!" y el dragón cayó muerto en el
moment Die and the dragon fell dead in the

agua. Al caer el dragón chocó con el barco y casi
water At the falling the dragon crashed with the boat and almost

lo hizo pedazos, y cuando ya se hundía el barco, el
it did to pieces and when already itself sank the boat the
(broke)

zapatero dijo: "¡Remiéndate!" y el barco fue remendado.
shoemaker said Repair yourself and the boat was repaired

Apenas regresaron al reino, empezaron los hermanos a
Hardly they returned to the kingdom began the brothers to

altercar entre sí.
argue between themselves

"Yo he hallado a la princesa," dijo el astrólogo, "por
I have found to() the princess said the astrologer for

lo tanto debe ser mi esposa."
that much she must be my wife

"De ninguna manera," respondió el ladrón, "la mano de
In no way responded the thief the hand of

la princesa es mía, porque yo se la robé al dragón."
the princess is mine because I myself her robbed of the dragon

"¡Necios!" exclamó el cazador, "yo debo ser el marido
Fools exclaimed the hunter I must be the husband

de la princesa porque yo maté al dragón," a lo que
of the princess because I killed the dragon to which that()

el zapatero replicó coléricamente:
the shoemaker replied angrily

"La princesa debe ser esposa mía, porque yo remendé
The princess must be wife (of) mine because I repaired

el barco y sin mi ayuda todos Ustedes estarían
the boat and without my aid all you would be

muertos."
dead

Después de mucha discusión, y sin poder arreglar
After of ( ) much discussion and without to be able (being able) to fix

nada, los hermanos decidieron ir a ver al rey a su
nothing the brothers decided to go to see the king in his

palacio.
palace

"Señor," le dijeron, "Vuestra Majestad decida quien de
Sir him (they) said Your Majesty decide who of

nosotros debe casarse con la princesa."
us must marry with the princess

"Muy bien," dijo el rey, "la cuestión es muy simple;
Very well said the king the question is very simple

he prometido la princesa al caballero que la encontrase."
I have promised the princess to the knight that her found

"Por lo tanto ella debe casarse con el astrólogo. Pero
For that as much she must marry with the astrologer But

como cada uno de Ustedes ayudó a la salvación de
like each one of you helped with the rescue of

ella, cada uno debe recibir la cuarta parte de mi
her each one must receive the fourth part of my

reino."
kingdom

Los hermanos, muy satisfechos con esta distribución,
The brothers very satisfied with this partition

vivieron felices en sus reinos. Cada vez que nacía un
lived happily in their kingdoms Each time that was born a

príncipe o una princesa los tres solteros aumentaban
prince or a princess the three bachelors increased

los impuestos para comprar magníficos regalos para el
the taxes to buy magnificent gifts for the

recién nacido.
recently born

85   Los Cuatro Hermanos

EL CABALLO DE ALIATAR
THE HORSE OF ALIATAR

Don Pedro Gómez de Aguilar tenía una magnífica finca
Don Pedro Gomez of Aguilar had a magnificent estate

cerca de la ciudad de Cabra. Un día del mes de
close to the city of Cabra One day of the month of

noviembre le avisaron que sus colonos habían
November him they warned that his workers had

abandonado la finca a causa de una invasión de los
left the estate because of an invasion of the

moros. Don Pedro no podía creer las noticias y sin
Moors Don Pedro not could to believe the news and without

decir nada a sus hijos, montó a caballo y se fue a
to say nothing to his children he mounted onto horse and he went to

la finca para informarse del suceso.
the estate for to inquire of the event

Llovía a cántaros y no vio a nadie en el camino.
It rained by pitchers and not he met nobody on the road
(cats and dogs , pouring buckets)

Al llegar a su finca no vio a nadie tampoco y creía
At the arrival at his estate not he saw nobody either and he believed

que ya se habían ido los moros.
that already had gone the Moors

Algunos momentos después se vio rodeado de cuarenta
Some moments later himself he saw surrounded by forty

de ellos a las órdenes del famoso alcaide de Loja,
of them at the orders of the famous Commander of Loja

Aliatar. La resistencia y la fuga eran imposibles.
Aliatar the resistance and the flight were impossible

Gómez de Aguilar tenía que rendirse.
Gomez of Aguilar had to surrender

"¿Dónde están sus hijos?" preguntó Aliatar a Don Pedro.
Where are your sons asked Aliatar of Don Pedro

"He venido solo, porque no podía creer que
I have come alone because not I could believe that

se atreviese Usted a llegar hasta aquí."
dared you to arrive up to here

Sonrió   el   viejo   alcaide,   enseñando   unos   dientes   todavía
Smiled   the   old   commander   showing   a   teeth   still
                                                            ()

blancos   y   replicó:
white   and   he replied
(showing still strong and white teeth)

"Me   habían   ponderado   mucho   su   finca   y   tenía   deseos
Me   had   considered   much   your   estate   and   I had   desires
            (I have thought about)

de   conocerla.   Pero   como   sus   colonos   habrán   dado   la
to   know it   But   as   your   workers   will have   given   the
    (to get to know it)

alarma,   vamos   ahora   hacia   Carcabuey   y   es   preciso
alarm   we go   now   towards   Carcabuey   and   it is   important
                                                            (a fact)

que   nos   acompañe   Usted."
that   us   accompany   you

"Aliatar,   fije   Usted   el   precio   de   mi   rescate,   y,   si   no
Aliatar   set   you   the   price   of   my   ransom   and   if   not

es   demasiado,   le   doy   palabra   de   que   lo   recibirá   en
is   too much   you   I give   (my) word   of   that   it   you will receive   in

Loja   antes   de   dos   días."
Loja   before   of   two   days

"No   dudo   de   su   palabra,   mas   prefiero   su   persona   a
Not   I doubt   of   your   word   more   I prefer   your   person   over

su   dinero."
your   money

"¿Quiere Usted canjearme por uno de los suyos?"
wish   you   to exchange me   for   one   of   the   yours

"No tienen Ustedes un prisionero nuestro que valga
Not   have   you   a   prisoner   ours   that   is worth

tanto como Usted Así, pues, debe Usted resignarse y
as much   as   you   Thus   then   must   you   submit yourself   and

seguirnos."
follow us

Se pusieron en camino, pero no se atrevían a seguir
Themselves   they set off   on   (the) road   but   not   themselves dared   to   follow
()

el camino frecuentado. Tenían que marchar uno a uno
the   road   busy   They had   to   march   one   after   the other

por sendas extraviadas.
by   footpaths   outside-routed
(off the main road)

Don Pedro iba en el centro, junto a Aliatar, y los
Don   Pedro   went   in   the   middle   together   with   Aliatar   and   the

dos caballeros hablaban amigablemente.
two   horsemen   spoke   in a friendly way

Llegó una ocasión en que se encontraron solos, pues
There arrived an occasion in that they found themselves alone as

los de adelante habían caminado más aprisa que los
those of ahead had walked more fast than those

de atrás. Tenían a sus pies un barranco. Al instante
at (the) back They had at their feet a ditch At that moment

comprendió Gómez de Aguilar que se le presentaba
understood Gomez of Aguilar that itself (to) him presented

una ocasión favorable para salvarse. Tiró al caudillo
an opportunity favorable to save himself He threw the chief

árabe al barranco, le sujetó y amordazó. Le quitó sus
Arab into the ditch him held and silenced Him removed his

armas y le obligó a esconderse con él.
arms and him forced to hide with him

Empuñó Don Pedro su puñal y dijo a Aliatar en voz
Grasped Don Pedro his dagger and said to Aliatar in voice

muy queda:
very stable

"Si se mueve Usted, le mato."
If yourself move you you I kill

"Los suyos vendrán en seguida a buscarnos."
Those of me   they will come   after   to   look for to us
(My people)

"Mi palabra le doy, Gómez de Aguilar. No necesita
My   word   you   I give   Gomez   of   Aguilar.   Not   need

Usted mordaza para mí."
you   silence   for   me

Se la quitó su enemigo. Fiaba en la palabra de
Himself him   he freed   his   enemy   He entrusted   in   the   word   of

Aliatar como en la suya, porque la fama del alcaide
Aliatar   like   in   the   his own   because   the   fame   of the   commander
                    (that)   (of himself)

de Loja era la de un perfecto caballero.
of   Loja   was   that   of   a   perfect   knight

En efecto, pronto empezaron los árabes a buscar a
In   effect,   soon   began   the   Arabs   to   search   for

su jefe y al prisionero. Algunos se dirigían al
their   chief   and   for the   prisoner.   Some   themselves directed   to the

escondite. Los momentos eran supremos.
hiding place   The   moments   were   tense

Nunca había estado Gómez de Aguilar en peligro tan
Never had been Gomez of Aguilar in danger so

inminente de su vida. Aquellos hombres no le habrían
acute of his life Those men not him would have

dado cuartel.
given quarter
(time to negotiate)

Volvió sus ojos a Aliatar. Éste no se movía y sus
He turned his eyes at Aliatar This one not himself moved and his

ojos parecían decir:
eyes they seemed to say

"Yo no me moveré; y no los llamaré."
I not me will move and not them will call

Pero a veces brillaba en su mirada una viva
But at times shone in his look a vivid

esperanza que Gómez de Aguilar interpretaba en estas
hope that Gomez of Aguilar interpreted in these

palabras:
words

"Pero es muy probable que nos encuentren sin
But is very probable that us they find without

llamarlos y sin moverme."
calling them and without moving me

Al fin estaban dos de los moros a cuatro pasos del
In the end there were two of the Moors at four paces from the

escondite.
hiding place

Otra vez empuñó Don Pedro su puñal y miró a Aliatar.
Again grasped Don Pedro his dagger and looked at Aliatar

El caudillo seguía inmóvil y sus ojos le dijeron:
The chief kept motionless and his eyes him they said

"No dude Usted de mí; no me moveré; no los
Not doubt you of me not me I will move not them

llamaré."
I will call

En este momento oyeron el galope de un escuadrón
In this moment they heard the galoping of a squadron

y los dos moros huyeron del sitio. El escuadrón era
and the two Moors fled from the site The squadron was

mandado por el Conde de Cabra.
commanded by the Count of Cabra

Sorprendió y derrotó a los moros. Entonces salió Don
He surprised and defeated to the Moors Then came out Don
()

Pedro Gómez con el caudillo. Refirió al conde lo que
Pedro Gomez with the chief He explained to the count that what
(the)

había ocurrido y éste le dijo:
had happened and that one he said
(the latter)

"En rigor, Aliatar es también mi prisionero, Don Pedro.
Strictly speaking Aliatar is also my prisoner Don Pedro

Es honor que he buscado muchas veces en los
It is honor that I have looked for many times in the

campos de batalla."
fields of battle

En confirmación de estas palabras el prisionero movió
In confirmation of these words the prisoner moved

tristemente la cabeza y dijo al conde:
sadly the head and said to the count

"En Alora me hirió su lanza y estuve a punto de
In Alora me wounded your lance and I was at point of

caer en sus manos, pero me salvó este caballo."
to fall in your hands but me saved this horse

"Mírenlo Ustedes, es atigrado, pero más fuerte y más
Look at it you it is spotty but more strong and more

valiente que un tigre."
brave than a tiger

Y el viejo Aliatar acarició al hermoso bruto y exclamó
And the old Aliatar caressed to the beautiful brute and exclaimed

tristemente:
sadly

"¡Pero ahora, mi Leal, no puedes salvarme!"
But now my Loyal not you can save to me

Esta escena conmovió igualmente a los dos caballeros,
This scene touched equally to the two knights

e inflamados por el mismo sentimiento.
and moved by the same feeling

"¡Aliatar, es Usted libre!" exclamó Don Pedro Gómez
Aliatar are you free exclaimed Don Pedro Gomez

de Aguilar.
of Aguilar

"¡Sí, libre!" añadió el Conde de Cabra.
Yes free added the Count of Cabra

Como seguían los caminos intransitables el moro tenía
As they followed the roads impassable the Moor had

que aceptar la hospitalidad que le ofrecieron para
to accept the hospitality that him they offered for

aquella noche.
that night

Al llegar a un cuarto de legua de la ciudad, tenían
At the arrival at a quarter of league of the city they had

que pasar un río. Las aguas habían crecido tanto
to pass a river The waters had risen so much

que no aparecía paso vadeable.
that not appeared passing fordable

Todos se detuvieron contrariados. Entonces les dijo
All themselves they stopped taken aback Then them said

Aliatar:
Aliatar

"Mi Leal les abrirá camino, si me permiten Ustedes ir
My Loyal (for) you will open (a) path if me allow you to go

delante."
in front

Entonces vieron al viejo caudillo entrar en la
Then they looked at the old caudillo entering in the

impetuosísima corriente como si cruzase una carretera.
violent current as if crossed a paved road

Todos le siguieron felizmente por aquel vado que lleva
All him followed happily by that ford that takes

todavía el nombre del moro.
still the name of the Moor

Aquella noche obsequiaron a porfía a su libre prisionero
That night they entertained endlessly to their free prisoner
()

Gómez de Aguilar y el Conde de Cabra.
Gomez of Aguilar and the Count of Cabra

A la mañana siguiente salieron a acompañarle fuera de
At the morning following they left to accompany to him outside of

la población.
the lands

Llegó el momento de la despedida, y Aliatar se vio
arrived the moment of the goodbye and Aliatar himself saw

rodeado de una guardia de honor. ¡Con qué efusión
surrounded of a guard of honor. With what outpouring (warmth)

estrechó entonces las manos de Don Pedro y del
extended then the hands of Don Pedro and of the

Conde de Cabra!
Count of Cabra

"Me han vencido Ustedes, y, aunque estoy libre, me
Me have defeated you and although I am free me

han maniatado."
have bound

"¿Cómo?"
How

"Maniatado para siempre, porque ya no podré combatir
Bound for always because already not I will be able to fight

contra Ustedes. Me han desarmado con su hidalguía
against you Me have disarmed with your chivalry

más que con su valor."
more than with your ranks

101 El Caballo De Aliatar

"Sólo hemos hecho lo que merece Usted, Aliatar. Es
Only we have done that what deserve you Aliatar are

Usted uno de los más nobles de su raza."
you one of the most noble of your race

"Les aseguro que mis soldados no volverán a invadir
You I assure that my soldiers not they will return to invade

sus dominios."
your dominions

Dicho esto, Aliatar saltó de su caballo, cogió de su
Said this Aliatar jumped of his horse took hold of his

brida a Leal y se lo presentó a Gómez de Aguilar.
bridle of Loyal and himself it presented to Gomez of Aguilar

"Se lo doy a Usted como recuerdo de que me hizo
Myself it I give to you as memory of that me you made

prisionero."
prisoner

"Pues le ofrezco mi alazán en cambio," respondió Don
Then you I offer my chestnut in exchange responded Don
(horse)

Pedro, "como recuerdo de que también fui prisionero
Pedro as memory of that also I was prisoner

de Usted."
of you

Montó en seguida en el hermoso caballo, saltó Aliatar
He mounted in following on the beautiful horse jumped Aliatar

sobre el alazán, hizo a Leal la última caricia, y
on the chestnut (horse) made to Loyal the last caress and

exclamando, "¡Que Alá los guarde!" se marchó a galope
exclaiming That Allah you keep save himself marched (set off) at gallop

tendido.
paced

Leal permaneció inmóvil, siguiendo con mirada triste a
Loyal remained motionless following with look sad at

su amo.
his master

En vano le acarició su nuevo amo.
In vain him caressed his new master

¡Bien merecía el nombre de Leal!
Well he deserved the name of Loyal

Se dice que aquel hermoso caballo murió de tristeza
It is said that that beautiful horse died of sadness

a los pocos días.
in the (a) few days

103   El Caballo De Aliatar

EL   PRÍNCIPE   JALMA
THE   PRINCE   JALMA

Había   un   viejo   que   tenía   una   hija   muy   hermosa.   Él
It had   an   old man   that   had   a   daughter   very   beautiful   He
(There was)

era   muy   ignorante   y   no   sabía   lo   que   era   ni   oro   ni
was   very   ignorant   and   not   knew   that   what   was   neither   gold   nor

plata.   Todos   los días   iba   el   viejo   al   bosque   a   cortar
silver   All the days   went   the   old man   to the   forest   to   cut
(Every day)

leña.   Llevaba   la   leña   a   la   ciudad   y   la   cambiaba   por
firewood   He took   the   firewood   to   the   city   and   it   changed   for

comida   para   su   mujer   y   su   hija.   Un   día   estaba
food   for   his   wife   and   his   daughter   One   day   (he) was

cortando   el   tronco   de   un   árbol   grande   y   oyó   lamentos
cutting   the   trunk   of   a   tree   big   and   he heard   moans

adentro.   Luego   salió   un   gigante   muy   feo   y   le   dijo:
inside   Soon   came out   a   giant   very   ugly   and   him   he said

"Me   has   herido   y   morirás   por   esto."
Me   (you) have   wounded   and   (you) will die   for   that

El   viejo   se   excusó,   diciendo:
The   old man   excused himself   saying

"Señor, perdóneme Usted. Soy muy pobre y vengo a
Sir   pardon me   You   (I) am very poor and (I) come to

buscar leña para mantener a mi mujer y a mi hija."
look for firewood for to maintain my wife and (to) my daughter

"¿Y es hermosa tu hija?" dijo el gigante.
And is beautiful your daughter said the giant

"¡Oh! sí, señor," dijo el viejo; "y mucho."
Oh yes Sir said the old man and much

"Pues bien," le dijo el gigante, "yo te perdono la
Then well him said the giant I you pardon the

vida si me das tu hija por esposa; y si no,
life if me (you) give your daughter as wife and if not

morirás. Dentro de ocho días te presentarás aquí con
(you) will die Within (of) eight days you will present yourself here with

la contestación. Si la niña quiere o no quiere, debes
the answer Whether the girl wants or not wants (you) must

venir para decírmelo."
come to say it to me

"Y ahora abre el tronco de este árbol y hallarás
And now open the trunk of this tree and (you) will find

mucho oro. Puedes llevarlo a tu mujer y a tu hija."
much gold (You) can take it to your wife and to your daughter

El viejo cortó el árbol y adentro halló mucho oro.
The old man (he) cut the tree and inside (he) found much gold

Cargó su burro con el oro y se fue a casa.
(He) loaded his donkey with the gold and went to home

Cuando llegó, su mujer y su hija le preguntaron
When (he) arrived his wife and his daughter him (they) asked

porqué venía tan tarde. Él les explicó el caso y la
why (he) came so late He them explained the case and the

niña dijo que consentiría en casarse con el gigante
girl said that (she) would consent to marry with the giant

para salvar a su padre.
for to save her father

Entonces les dió todo el oro que traía.
Then them (he) gave all the gold that (he) brought

Nunca habían visto monedas de oro y no sabían que
Never (they) had seen pieces of gold and not they knew that

era dinero.
(it) was money

"¿Qué es esto?" dijeron ellas. "¿Qué medallas son
What is this said they What medals are

éstas tan bonitas?"
these so pretty

"Será bueno venderlas en la ciudad, padre, si es
(It) will be good to sell them in the city father if (it) is

posible," dijo la niña.
possible said the girl

El viejo se fue a la ciudad llevando su oro. Quería
The old man went to the city taking his gold (he) wanted

venderlo, pero le dijeron que eran monedas de oro y
to sell it but him (they) said that they were pieces of gold and

que con ellas podía comprar muchas cosas. Él compró
that with them (he) could buy many things He bought

comida y vestidos para su familia y volvió muy
food and clothing for his family and (he) returned very

contento a casa.
content to home

109 El Príncipe Jalma

109 El Príncipe Jalma

Al cabo de los ocho días, tomó el viejo su hacha
At the end of the eight days took the old man his axe

y su burro y se fue al bosque. Dió algunos golpes
and his donkey and (he) went to the forest (He) gave some blows

al tronco del árbol y salió el mismo gigante.
to the trunk of the tree and out came the same giant

"¿Qué contestación me traes?" le dijo éste.
What answer me (you) bring him said that one

"Mi hija consiente en casarse contigo." le dijo.
My daughter consents to marry with you him (he) said

"Bien," dijo el gigante; "pero hay una condición y es
Well said the giant but there is one condition and (that) is

que las bodas se celebren a oscuras y que ella
that the wedding (they) shall celebrate in the dark and that she

nunca trate de verme, mientras yo no lo diga."
never tries to see me while I not it her say

El viejo le dijo que así sería.
The old man him said that so (it) would be

"Carga tu burro con todo el oro que quieras," dijo el
Load your donkey with all the gold that (you) want said the

gigante, "y compra todo lo que creas necesario para
giant and buy everything that what (you) believe necessary for

las bodas. Me casaré con tu hija en ocho días
the wedding Me (I) will marry with your daughter in eight days

desde hoy."
from today

El viejo cargó su burro de oro otra vez y volvió a
The old man loaded his donkey with gold another time and (he) returned to

casa. La hija salió a encontrarle. Él le dijo todo y
home The daughter came out to meet him He her told everything and

ella consintió en todo lo que su novio quería.
she consented in everything that what her fiancé wanted

Al cabo de los ocho días se celebraron las bodas
At the end of the eight days (they) celebrated the wedding

a oscuras.
in the dark

La niña vivió muy feliz. El novio salía muy temprano
The girl lived very happy The fiancé left very early

cada mañana y volvía por la noche.
each morning and (he) returned by the night

Un día vino una vecina vieja a visitarla. Le preguntó
One day came a neighbor old to visit her Her (she) asked

si era feliz en su matrimonio. Ella le dijo que era
if (she) was happy in her marriage She her told that (she) was

muy feliz y que estaba muy contenta. Después le
very happy and that (she) was very content Next her

preguntó la vieja como era su marido, si era joven
asked the old woman how was her husband if (he) was young

o viejo, feo o hermoso. Ella dijo que no sabía
or old ugly or beautiful She said that not (she) knew

porque nunca le había visto.
because never him (she) had seen

"¡Cómo!" dijo la vieja. "¿Te has casado y no conoces
What said the old woman You have married and not (you) know

a tu marido? Esto no es posible."
of your husband This not is possible

"Sí," dijo ella; "pues así lo pedía antes de casarse."
Yes   said she   while thus it (he) requested before of to marry

"Niña," dijo la vieja. "¿cómo sabes si tu marido es
Girl   said the old woman how (you) know if your husband is

un perro o si es Satanás? Es necesario verle. Toma
a dog or if (he) is Satan (It) is necessary to see him Take

este fósforo; cuando tu marido duerma, enciende el
this phosphor when your husband sleeps ignite the

fósforo, y le verás."
phosphor and him (you) will see

La niña lo hizo así. Cuando llegó la media noche,
The girl it (she) did thus When arrived the middle of the night

encendió el fósforo y miró a su marido. Vio que era
(she) ignited the phosphorus and looked at her husband (She) saw that (he) was

muy hermoso. Olvidó el fósforo y un pedazo cayó en
very beautiful (She) forgot the phosphor and a piece fell on

la cara de su marido.
the face of her husband

Entonces   él   despertó   y   dijo:
Then   he   woke up   and (he) said

"¡Ingrata,   no   has   tenido   palabra!   Has   de   saber   que
Ingrate   not   (you) have kept   word   (You) have to   know   that

soy   un   príncipe   encantado.   Yo   soy   el   príncipe   Jalma.
(I) am a   prince   enchanted   I   am   the   prince   Jalma

Estaba   a   punto   de   salir   de   mi   encantamiento   pero
(I) was   at   point   of   to get out of   my   enchantment   but

ahora   es   imposible   por   mucho   tiempo.   Si   quieres
now   (it) is impossible   for   much   time   If   (you) want

volver   a   verme,   tienes   que   gastar   zapatos   de   hierro
to return to   see me   you have   to   suffer   shoes   of   iron

hasta   que   me   encuentres.   Tienes   que   buscarme   por
until   that   me   (you) find   (You) have to   look for me   throughout

toda   la   tierra."
all   the   earth

El   príncipe   desapareció.   La   niña   empezó   a   llorar   y
The   prince   disappeared   The   girl   began   to   cry   and

sintió   haber   seguido   los   consejos   de   la   vieja.
felt sorry to have followed   the   advice   of   the   old woman

Cuando vino ésta al día siguiente, dijo a la niña:
When came that one on the day next (she) said to the girl

"¿Has visto a tu marido?"
Have seen your husband
(you)

"Sí," le contestó, "y lo siento muchísimo. Era un
Yes her (she) answered and it I am sorry for very much (He) was a

príncipe encantado y ahora nunca volveré a verle."
prince enchanted and now never (I) will return to see him

Se fue a la ciudad, compró zapatos de hierro y salió
(She) went to the city (she) bought shoes of iron and left

a buscar a su marido. Visitó muchas ciudades
to search for her husband (She) visited many cities

preguntando por el príncipe Jalma, pero ninguno le
asking for the prince Jalma but none him

conocía. Cuando llegó al fin del mundo vio a la
knew When (she) arrived at the end of the world (she) met the

madre del viento del Norte y la saludó.
mother of the wind of the North and her (she) greeted

"¿Cómo   le   va,   buena   señora?"
How   it   goes   good   lady

"Bien,   hija,"   le   dijo;   "¿qué   haces   aquí,   cuando   ni   los
Well   daughter   her   (she) said   what   (you) do   here   when   not even the

pájaros   llegan   a   estos   lugares?   Mi   hijo   te   comerá."
birds   arrive   at   these   places   My   son   you   will eat

"Señora,"   le   dijo   la   niña,   "vengo   en   busca   de   mi
Lady   her   said   the   girl   (I) come   in   search   for   my

marido,   del   príncipe   Jalma.   Tengo   que   gastar   zapatos
husband   of the   princedom   Jalma   (I) have   that   to suffer   shoes

de   hierro   hasta   que   le   encuentre."
of   iron   until   that   him   (I) find

"Yo   no   le   conozco,   hija,"   dijo   la   madre   del   Norte,
I   not   him   know   daughter   said   the   mother   of the   North

"pero   es   probable   que   mi   hijo   le   conozca.   Te
but   it is   probable   that   my   son   him   knows   You

esconderé   debajo   de   esta   olla."
(I) will hide   underneath   of   this   pot

"Cuando   llegue   le   preguntaré."
When   (he) arrives   him   I will ask

Cuando   llegó   el   viento,   gritó:
When   arrived   the   wind   (it) shouted

"¡Hu-u-u-u!   a   carne   humana   huele   aquí!"
Hu   u   u   u   like   meat   human   (it) smells   here

"¿Qué   carne   humana   vendría   aquí,   hijo,"   dijo   la   madre,
What   meat   human   would come   here   son   said   the   mother

"cuando   ni   los   pájaros   llegan   a   estos   lugares?"
when   not even the   birds   arrive   at   these   places

Pero   él   siguió   gritando:
But   he   kept   shouting

"¡Hu-u-u-u!   a   carne   humana   huele   aquí!"
Hu   u   u   u   like   meat   human   (it) smells   here

Su   madre   puso   la   mesa,   y   después   que   hubo
His   mother   set   the   table   and   after   that   (he) had

comido,   le   dijo:
eaten   him   (she) said

"Tengo que pedirte un favor. ¿Quieres concedérmelo?"
I have / to / ask you / a / favor / Want (you) / to grant it to me

"Hable Usted señora", le dijo.
Speak / You / lady / her / (he) said

"Has de saber que hay aquí una niña en busca de
(You) have to / know / that / there is / here / one / girl / in / search / of

su marido, el príncipe Jalma. ¿Sabes donde está? ¿Le
her / husband / the / prince / Jalma / You know / where / (he) is / Him

conoces?"
(you) know

"Que salga la niña", dijo el Norte.
That / comes out / the / girl / said / the / North

La niña salió y preguntó por su marido.
The / girl / came out / and / (she) asked / for / her / husband

"Yo no conozco a tu marido," dijo el Norte:
I / not / know / of / your / husband / said / the / North

.

"pero yo creo que mi amigo el Sur puede conocerle.
but I believe that my friend the South can know him

Te llevaré allí si quieres."
You I will take there if (you) want

La niña dijo que quería ir con él y la madre del
The girl said that (she) wanted to go with him and the mother of the

Norte le regaló una gallina de oro y trigo de oro
North her gave a hen of gold and wheat of gold

para vender en caso de necesidad.
for to sell in case of necessity

El Norte la tomó en brazos y la llevó al otro fin
The North her took in arms and her took to the other end

del mundo. Allí vio a la madre del Sur y ésta le
of the world There (she) met the mother of the South and she her

dijo:
said

"¿Qué haces aquí, hija, cuando ni los pájaros llegan
What (you) do here daughter when not even the birds arrive

a estos lugares?"
at these places

"Mi   hijo   te   comerá."
My   son   you   will eat

"Vengo   en   busca   de   mi   marido,   del   príncipe   Jalma.
(I) come   in   search   for   my   husband   of the   princedom   Jalma

¿No   le   conoce   Usted   señora?   El   Norte,   que   me   trajo,
Not   him   know   You   lady   The   North   that   me   brought

dijo   que   pudieran   Ustedes   darme   noticias   de   él."
said   that   could   You   give me   the news   of   him

"Yo   no   le   conozco,   hija;   pero   es   probable   que   mi
I   not   him   know   daughter   but   it is   probable   that   my

hijo   le   conozca."
son   him   knows

La   madre   del   Sur   la   escondió   debajo   de   una   olla   y
The   mother   of the   South   her   hid   underneath   of   one   pot   and

pronto   se   oyó   un   gran   ruido   y   llegó   el   Sur.
soon   was heard   a   great   noise   and   arrived   the   South

"¡Hu-u-u-u!   a   carne   humana   huele   aquí!"
Hu   u   u   u   like   meat   human   (it) smells   here

"¿Qué   carne   humana   puede   venir   aquí   cuando   ni   los
What   meat   human   can   come   here   when   not even the

pájaros   del   cielo   llegan   a   estos   lugares?   Siéntate   a
birds   of the sky   arrive   at   these   places   Sit yourself down to

comer   y   hablaremos."
eat   and (we) will talk

Después   que   hubo   comido   le   dijo   su   madre:
After   that   he had eaten   him   said   his   mother

"Quiero   pedirte   un   favor,   si   me   lo   concedes."
(I) want   to ask of you a   favor   if   me   it   (you) grant

"Hable   Usted,   señora,   y   se   lo   concederé" contestó   él.
Speak   You   lady   and yourself it (I) will grant   answered   he

"Ha   venido   aquí   una   niña   en   busca   de   su   marido,
There has come   here   a   girl   in   search   for   her   husband

el   príncipe   Jalma.   ¿Tú   le   conoces?"
the   prince   Jalma   You   him   know

La niña salió y el Sur le dijo:
The girl came out and the South her said

"No le conozco; pero te llevaré a mi amigo el
Not him (I) know but you (I) will take to my friend the

Oriente y es muy probable que le conozca."
East and it is very probable that him (he) knows

La madre del Sur dió a la niña una cruz de oro
The mother of the South gave to the girl a cross of gold

y el Sur la llevó al Oriente. Éste tampoco conocía
and the South her took to the East This one neither knew

al príncipe Jalma y ofreció llevarla a su amigo el
of the prince Jalma and offered to take her to his friend the

Poniente.
West

La madre del Oriente le regaló un peine de oro
The mother of the East her gave a comb of gold

para vender en caso de necesidad.
for to sell in case of necessity

Cuando el Oriente llegó con la niña, encontraron a la
When the East arrived with the girl (they) found the

madre del Poniente. Ella recibió a la niña con gran
mother of the West She received the girl with great

asombro y cariño. La niña hizo las mismas preguntas
astonishment and affection The girl had the same questions

y la madre contestó:
and the mother answered

"Mi hijo le conocerá."
My son him will know

Entonces la escondió debajo de la olla.
Then she hid underneath of the pot

Cuando llegó el Poniente, estaba muy enojado pero
When arrived the West he was very angered but

después que hubo comido, la madre sacó la niña y
after that (he) had eaten the mother got out the girl and

preguntó por el príncipe Jalma.
asked for the prince Jalma

"Sí", le dijo, "le conozco."
Yes her (he) said him (I) know

"y sé donde está; te llevaré allá. Vive preso en un
and (I) know where he is you (I) will take there (He) lives prisoner in a
(as)

palacio con una vieja bruja y su hija. La hija quiere
palace with an old witch and her daughter The daughter wants

casarse con él. Nadie puede verle y él no puede
to marry with him Nobody may see him and he not may

ver a nadie. Duerme bajo siete llaves."
meet anybody (He) sleeps under seven locks

La madre del Poniente dió a la niña una taza de
The mother of the West gave to the girl a cup of

oro para vender en caso de necesidad.
gold for to sell in case of necessity

Al fin llegó la niña al palacio y supo que dentro de
Finally arrived the girl at the palace and knew that inside of

cuatro días se casaría el príncipe con la hija de la
four days would marry the prince with the daughter of the

bruja. Ella se sentó en el jardín, y trató de hacerse
witch She seated herself in the garden and tried to make herself

pasar por una tonta.
pass as a fool

Con este motivo se lavaba la cara con barro y hacía
For this reason (she) washed herself the face with mud and did

otras muchas tonterías. Sacó la gallina de oro y le
other very foolish things (She) removed the hen of gold and it

dió el trigo. Los sirvientes del palacio refirieron esto a
gave the wheat The servants of the palace told this to

su señorita que vino a verlo. Luego le dijo:
their young lady that came to see it Then her (she) said

"Dame la gallina de oro."
Give me the hen of gold

"No", dijo ella.
Not said she

"Véndemela entonces. ¿Qué quieres por ella?"
Sell me her then What (you) want for her

"Si me dejas dormir en el cuarto del príncipe, te
If me (you) allow to sleep in the room of the prince you

daré la gallina."
(I) will give the hen

"Bien,"   dijo   ella;   "dormirás   allí."
Well   said   she   (you) will sleep there

Abrieron   las   siete   llaves   y   la   niña   entró   en   el   cuarto
(They) opened the seven   locks   and the   girl   entered in   the   quarter

del   príncipe;   pero   antes   echaron   algo   en   el   vino   del
of the prince   but   before   (they) threw   something in   the   wine   of the

príncipe   para   hacerle   dormir.   Así   la   niña   le   encontró
prince   to   make him   sleep   Thus   the   girl   him   found

profundamente   dormido.   Fué   a   su   cama,   le   sacudió   y
deeply   asleep   (She) went to his   bed   him   shook   and

le   dijo:
him   said

"Príncipe,   despierta,   yo   soy   tu   esposa.   He   gastado   los
Prince   wake up   I   am   your   wife   (I) have suffered   the

zapatos   de   hierro   según   me   has   pedido.   Ahora   te   he
shoes   of   iron   according to me   (you) have asked   Now   you   (I) have

encontrado;   pero   si   no   me   reconoces   te   casarán   con
found   but   if   not   me   (you) recognize you   (they) will marry with

otra."
another one

Pero él no despertó y al día siguiente la sacaron de
But he not woke up and on the day following her (they) took out of

allí y ella se fue otra vez al jardín. Sacó su peine
there and she went another time to the garden (She) took out her comb

de oro y se peinó. Salió la hija de la bruja y lo
of gold and combed herself Came out the daughter of the witch and it

compró bajo las mismas condiciones; pero la misma
(she) bought under the same conditions but the same

cosa sucedió con el príncipe. Al tercer día sacó ella
thing happened with the prince At the third day took out she

la cruz de oro, y la hija de la bruja la compró,
the cross of gold and the daughter of the witch it bought

pero la niña no podía despertar a su marido. El
but the girl not could wake up to her husband The

cuarto día la niña sacó la taza de oro y la hija
fourth day the girl took out the cup of gold and the daughter

de la bruja la compró bajo las mismas condiciones.
of the witch it bought under the same conditions

Pero el príncipe había empezado a sospechar algo y
But the prince (he) had begun to suspect something and

cuando le dieron el vino, no lo bebió.
when him (they) gave the wine not it (he) drank

La niña entró en el cuarto y empezó de nuevo sus
The girl entered in the room and began anew her

lamentaciones. Le dijo:
lamentations Him (she) said

"Si no me reconoces esta noche soy perdida para
If not me (you) recognize this night (I) am lost for

siempre. No tengo otra cosa con que pagar mi
always Not (I) have another thing with that to pay my

entrada al cuarto. La hija de la bruja tiene la gallina
entrance to the room The daughter of the witch (she) has the hen

de oro y el trigo de oro y el peine de oro, y la
of gold and the wheat of gold and the comb of gold and the

cruz de oro y la taza de oro. Además te casarán
cross of gold and the cup of gold In addition you (they) will marry

con ella mañana."
with her tomorrow

En este momento despertó el príncipe, le dió un
At this moment woke up the prince her (he) gave a

abrazo y le dijo:
hug and her (he) said

"¡Ninguna ha de ser mi esposa sino tú!"
No-one can be my wife but you

Al   día   siguiente   celebró   nuevas   bodas   con   su   esposa,
On the   day   next   (he) celebrated   new   wedding   with   his   wife

y   mandó   quemar   a   la   bruja   y   a   su   hija.
and   (he) ordered   to burn   to   the   witch   and   to   her   daughter

LA PORTERÍA DEL CIELO
THE　GATE　OF　HEAVEN

El	tío	Paciencia	era	un	pobre	zapatero	que	vivía	y
The	uncle	Patience	was	a	poor	shoemaker	that	lived	and

trabajaba	en	un	portal	de	Madrid.	Cuando	era	aprendiz
worked	in	a	house portal	of	Madrid	When	he was	apprentice

asistía	un	día	a	una	conversación	entre	su	maestro	y
he attended	one	day	to	a	conversation	between	his	master	and

un	parroquiano,	en	la	cual	éste	mantenía	que	todos
a	citizen	in		which	the latter	maintained	that	all

los	hombres	eran	iguales.	Después	de	pensar	largo
the	people	were	equal	After	of	to think (thinking)	long

rato	el	aprendiz,	al fin	preguntó	al	maestro,	si	era
while	the	apprentice	at the end (finally)	he asked	to the	master	if	it was

verdad	lo	que	había	oído	decir.
true	that	what	he had	heard	say

"No	lo	creas,"	repuso	éste.	"Sólo	en	el	cielo	son
Not	it	believe	retorted	that one (the latter)	Only	in	the	heaven	are

iguales	los	hombres."
equal	the	people

Se   acordaba   de   esta   máxima   toda   su   vida,
Himself   he reminded   of   this   principle   all   his   life

consolándose   de   sus   penas   y   privaciones   con   la
consoling himself   of   his   pains   and   deprivations   with   the

esperanza   de   ir   al   cielo   y   gozar   allá   de   la   igualdad
hope   of   to go   to the   heaven   and   enjoy   there   of   the   equality
                      (going)

que   nunca   encontraba   en   la   tierra.   En   toda   adversidad
that   never   he found   on   the   earth   In   all   adversity

solía   decir: "Paciencia,   en   el   cielo   seremos   todos
it sufficed to say   Patience   in   the   heaven   we will be   all

iguales."   A   esto   se   debía   el   apodo   con   que   era
equal   To   this   himself he owed   the   nickname   with   that   he was
                                                                              (which)

conocido,   y   todos   ignoraban   su   verdadero   nombre.
known   and   all   did not know   his   real   name

En   el   piso   principal   de   la   casa,   cuyo   portal   ocupaba
On   the   floor   main   of   the   house   of which   vestibule   occupied

el   pobre   zapatero,   vivía   un   marqués   muy   rico,   bueno
the   poor   shoemaker   lived   a   Marquis   very   rich   good

y   caritativo.   Cada   vez   que   este   señor   salía   en   coche
and   charitable   Each   time   that   this   gentleman   left   in   coach

de   cuatro   caballos   decía   para   sí   el   tío   Paciencia:
of   four   horses   said   for   himself the   uncle   Patience
(with)

"Cuando encuentre a vuecencia en el cielo, le diré:
When   I encounter   to   his excellency   in   the   heaven   him   I will say

'Amiguito, aquí todos somos iguales.'" Pero no era sólo
Little friend   here   all   we are   equal   But   not   it was   only

el marqués el que le hacía sentir que en la tierra
the   Marquis   he   that   him   made   to feel   that   on   the   earth

no fuesen iguales todos los hombres, pues hasta sus
not   were   equal   all   the   people   because   even   his

amigos más íntimos pretendían diferenciarse de él.
friends   most   intimate   pretended   to differentiate themselves   of   him
(set themselves apart)   (from)

Estos amigos eran el tío Mamerto y el tío Macario.
These   friends   were   the   uncle   Mamerto   and   the   uncle   Macario

Mamerto tenía una afición bárbara por los toros; y
Mamerto   had   a   affection   barbarian   for   the   bulls   and
(liking)   (extreme)   (bullfighting)

una vez, cuando se estableció una escuela de
one   time   when   himself   he established   a   school   of

tauromaquia, estuvo a punto de ser nombrado profesor.
toreros   he was   at   point   of   be   named   professor

Este precedente le hacía considerarse superior al tío
This   happening   him   made   consider himself   superior   to the   uncle

Paciencia, quien reconocía esta superioridad y se
Patience   who   recognized   this   superiority   and   himself

consolaba con la máxima sabida.
consoled   with   the   proverb   wise

Macario   era   muy   feo;   pero,   no   obstante,   se   había
Macario   was   very   ugly   but   nonetheless   himself   he had

casado   con   una   muchacha   muy   guapa.
married   with   a   girl   very   handsome

Por   razones   que   ignoramos   había   salido   muy   mal   este
For   reasons   that   we don't know   had   gone   very   bad   this

matrimonio,   y   cuando   al   cabo   de   veinte   años   de
marriage   and   when   at the   end   of   twenty   years   of

peloteras   murió   la   mujer,   el   buen   hombre   se   quedó
bickering   died   the   woman   the   good   man   himself   was left

como   en   la   gloria.
as if   in   the   glory
(extreme happiness)

Pero   poco   tiempo   después   se   encalabrinó   con   otra
But   little   time   later   himself   he fell in love   with   another

muchacha   muy   linda   también,   y   se   casó   otra   vez
girl   very   beautiful   also   and   himself   he married   another   time

a   pesar   de   las   protestas   del   tío   Paciencia,   que
in spite of   the   protests   of the   uncle   Patience   who

consideraba   esto   una   enorme   tontería.
considered   this   an   enormous   foolishness

Como el tío Paciencia nunca había conseguido que las
As the uncle Patience never had succeeded that the

mujeres le amasen, mientras habían amado a pares al
women him loved while they had loved in groups to the

tío Macario, éste creía tener cierta superioridad sobre
uncle Macario that one believed to have certain superiority over
(the latter)

su amigo. El tío Paciencia la reconocía y se
his friend the uncle Patience it acknowledged and himself

consolaba con la máxima que ya sabemos. Un día
consoled with the proverb that already we know One day

cuando llovía a cántaros Mamerto quiso asistir a una
when it rained by pitchers Mamerto wanted to attend to a
(cats and dogs)

corrida de toros. El tío Paciencia trató de quitárselo
run of bulls the uncle Patience tried to clear it out
(bull fighting tournament)

de la cabeza, pero en vano. Al volver a casa
of the head but in vain At the return to home

Mamerto fué obligado a meterse a la cama a causa
Mamerto was forced to put himself to the bed because

de un tabardillo, que al día siguiente se le llevó
of a pneumonia that at the day next itself him it took

al otro mundo.
to the other world
(to the grave)

Aquel mismo día estaba muy malo el tío Macario de
That same day was very ill the uncle Macario as

resultas de un sofocón que le había aplicado su
a result of an outburst of rage that him had applied (treated) his

mujer. Gracias al tratamiento de su segunda mujer el
wife Thanks to the treatment of his second wife the

pobre hombre no podía resistir grandes sustos, y la
poor man not could resist great scares and the

inesperada noticia de la muerte de su amigo le causó
unexpected news of the death of his friend him caused

tal sobresalto que expiró casi al instante. Extrañando
such fright that he expired almost at the (same) instant Wondering

que en todo el día no hubiese visto a sus dos
that in whole the day not he had seen to his two

amigos el tío Paciencia al anochecer fué a buscarlos.
friends the uncle Patience at the falling of the night he went to look for them

La terrible noticia de la muerte de los dos fué para
The terrible news of the death of the two was for

él como un escopetazo, y aquella misma noche se
him like a shot and that same night himself

fué, tras sus amigos tomando el camino del otro
he went after his friends taking the way to the other

mundo.
world

A la mañana siguiente el ayuda de cámara del
At the morning next the aid of chamber of the

marqués entró con el chocolate, y tuvo la imprudencia
Marquis entered with the chocolate and had the impudence

de decir a éste que el zapatero del portal había
of to say to him that the shoemaker of the vestibule had

muerto al saber que habían espirado casi de repente
died at the knowledge that had expired almost at the same time
(all of a sudden)

dos amigos suyos.
two friends of his

Como el marqués era un señor muy aprensivo, y
As the Marquis was a Gentleman very worried and

como por aquellos días se temía que hubiese cólera
as by those days itself that was colera
(it was) feared

en Madrid, se asustó tanto que pocas horas después
in Madrid himself he frightened so much that few hours later

era cadáver, con gran sentimiento de los pobres del
he was corpse with great sadness of the poor of the

barrio.
district

El   tío   Paciencia   emprendió   el   camino   del   cielo   muy
The   uncle Patience   undertook   the   road   to   heaven   very

contento   con   la   esperanza   de   gozar   eternamente   de   la
content   with   the   expectation   of   enjoying eternally   of   the

gloria,   de   vivir   en   el   mundo   donde   todos   los   hombres
glory   of   to live in   the   world   where   all   the   people
                 (living)   (a)

eran   iguales,   de   encontrar   allí   a   sus   queridos   amigos
were   equal   of   to encounter there to   his   beloved   friends

Mamerto   y   Macario,   y   de   esperar   la   llegada   del
Mamerto   and Macario   and of   to await   the   arrival   of the

marqués   para   tener   con   él   la   anhelada   conversación
Marquis   to   have   with   him   the   yearned for conversation

que   ya   se   había   repetido   para   sí   mil   veces   durante
that   already himself he had repeated for   himself thousand times during

su   vida.   En   cuanto   a   Mamerto   no   dejaba   de   tener
his   life   As to   Mamerto   not   he   of   to have
                                              (did not) quit

unas   dudillas,   porque   se   acordó   de   que   éste   durante
some   doubts   because   himself he remembered of that   that one during
                                                                  (he)

la   vida   había   dicho   más   de   una   vez: "Por   una
the   life   he had   said   more   than one   time   For   a
(his)

corrida   de   toros   dejo   yo   la   gloria   eterna."
run   of   bulls   leave   I   the   salvation eternal

Fué interrumpido en estas reflexiones el tío Paciencia
Was interrupted in these reflections the uncle Patience

viendo venir del cielo un hombre que daba muestras
seeing come from heaven a man that gave signs
(coming)

de la mayor desesperación. Se detuvo pasmado al
of the greatest desperation himself he stopped baffled at the

reconocer a su amigo.
recognition of his friend

"¿Qué te pasa, hombre?" preguntó al tío Mamerto.
What to you happened man he asked of the uncle Mamerto

"¿Qué diablo me ha de pasar? Me han cerrado para
What devil me has of to happen to me they have closed for

siempre las puertas del cielo."
always the gates of heaven

"Pero ¿cómo ha sido eso, hombre? Habrá sido por tu
But how it has been this man It would have been for your
(come to) (because of)

pícara afición a los toros."
wicked inclination to the bulls
(bullfighting)

"Algo ha habido de eso. Escucha. Llegué a la
Something it has had of that Listen I arrived at the
(to have been)

portería del cielo y encontré allí un gran número de
gate of heaven and I found there a great number of

personas que aguardaban para entregar el pasaporte
people that waited for to receive the passport

para el otro mundo. El portero que revisaba los
for the other world The gatekeeper that reviewed the

papeles gastaba mucho tiempo con preguntas y
papers spent much time with questions and

respuestas antes de permitir la entrada. Al oír que
answers before of permit the entrance At hearing that
(permitting)

rehusó la entrada a un pobre diablo por haber sido
he refused the entrance to a poor devil for having been

demasiado aficionado a los toros, comprendí que ya
too much fan of the bulls I understood that already
(bullfighting)

no había esperanza para mí. Entonces me mezclé
not it had hope for me Then me I mingled
(there was)

entre la gente, aguardando una ocasión para colarme
between the people waiting an opportunity to sneak me
(with)

dentro sin que me viera el portero."
inside without that me saw the gatekeeper

"A los pocos momentos da éste una media vuelta, y
After the few moments gives that one a turn around and
(a) (he)

¡zas! me cuelo en el cielo. Daba yo ya las gracias
flash me I sneak in the heaven Gave I already the grace
(thanks)

a Dios por haberlo hecho, porque dentro estaba uno
to God for have done because inside one was one
(having) it

como en la gloria. De repente le da la gana al
like in glory Suddenly (him) it gives the pleasure to the
(heaven)

portero de contar los que estaban en la portería, y
gatekeeper to count they that were by the gate and

nota que le falta uno."
he notes that him he misses one

"'Uno me falta!' grita hecho un solimán, 'Y apuesto una
One me misses he shouts making an angry face And I bet a

oreja a que es ese madrileño.' Entonces veo que
cent to that it is that Madrilenian Then I see that

llama a unos músicos que había alrededor de Santa
he calls to a few musicians that it had around of Saint
(there were)

Cecilia, y ellos pasan a la portería."
Cecilia and they pass to the gate
(walk over)

"Algunos minutos más tarde oigo que tocan *salida* de
Some minutes later I hear that they play *exit* of

toros, y yo, bruto de mí, olvidando todo y creyendo
(the) bulls and I brute of me forgetting everything and believing
(stupid that I am)

que hay corrida de toros en la portería, salgo como
that there is run of bulls at the gate I leave like

una saeta a verla. El portero, soltando la carcajada,
an arrow to see it The doorman letting go the outburst of laughter

me dió con la puerta en los hocicos, diciéndome:
me gave with the door in the snout saying to me
(shut) (my face)

'Vaya Usted al infierno, que afición a los toros como
go you to hell that affliction for the bulls like
(since)

la de Usted no tiene perdón de Dios.'"
that of you not has pardon of God

Ambos continuaron su camino; el tío Paciencia el del
Both continued their way the uncle Patience that to
(the one)

cielo, que era cuesta arriba, y el tío Mamerto el del
heaven that was the one up and the uncle Mamerto that of the

infierno, que era cuesta abajo.
hell that was the one down

No   había   andado   largo   rato   cuando   tropezó con   el   tío
Not   he had   walked .   long   time   when   he ran into   the   uncle

Macario,   que   venía   también   del   cielo   y   marchaba   con
Macario   that   came   also   from   heaven   and   marched   with

la   cabeza   baja.
the   head   low

Los   dos   amigos   se   abrazaron   conmovidos.
The   two   friends   themselves embraced   affected
(eachother)

"¿Tú   por   aquí,   Paciencia?"   dijo   el   tío   Macario.
You   here   Patience   said   the   uncle   Macario

"¿Adonde   vas?"
Where   you go

"¿Adonde   he   de   ir?   Al   cielo."
Where   I have   to   go   To   heaven

"Difícil   será   que   entres."
Difficult   it will be   that   you enter

"¿Porqué?"
Why

"Porque es muy difícil entrar allí."
Because it is very difficult to enter there

"¿Y cuál es la dificultad?"
And which is the difficulty

"Escucha, y verás. Llegamos otro y yo a la puerta,
Listen and you will see we arrived another and I at the gate
(one)

llamamos, y sale el portero. '¿Qué quieren Ustedes?'
we called and got out the gatekeeper What want you

nos pregunta. ' ¿Qué hemos de querer sino
us he asks What we have to want but

entrar?' contestamos. ' ¿Es Usted casado o soltero?'
to enter we answered Are you married or unmarried

pregunta el portero a mi camarada.
asks the gatekeeper to my comrade

'Casado,' contesta él. ' Pues pase Usted, que basta ya
Married answers he Then pass you that it is enough already

esta penitencia para ganar el cielo, por gordos que
this penance for to win the heaven for big that
(however)

sean los pecados que se hayan cometido.'"
may be the sins that themselves have committed
[one has]

"Estuve yo para colarme dentro detrás de mi
Was I to sneak myself inside behind of my

compañero, pero el portero, deteniéndome por la oreja,
companion but the gatekeeper keeping me by the ear

me pregunta: '¿Es Usted casado o soltero?'
me he asks Are you married or unmarried

'Casado, dos veces.'
Married two times

'¿Dos veces?'
Two times

'Sí, señor, dos veces.'
Yes Sir two times

'Pues vaya Usted al limbo, que en el cielo no
Then go you to the hell because in the heaven not
(to) ()

entran tontos como Usted.'"
enter idiots like you

Cada uno seguía su camino. Al fin el tío Paciencia
Each one followed his way In the end the uncle Patience

divisó las puertas del cielo, y se estremeció de
discerned the gates of the heaven and himself shook of
(of) ()

alegría, considerando que estaba ya a medio kilómetro
joy considering that he was already at half (a) kilometer

del mundo donde todos los hombres eran iguales.
of the world where all the men were equal

Cuando llegó a la portería vió que no había en ella
When he arrived at the gate he saw that not it had in it
(there was) (at)

un alma.
a soul

Fué a la puerta y dió un aldabazo muy moderado.
He went to the gate and he gave a knock very polite

Apareció en un ventanillo al lado de la puerta el
Appeared in a small window at the other side of the gate the
(There appeared)

portero que preguntó:
gatekeeper that asked
(who)

"¿Qué quiere Usted?"
What want you

"Buenos días, señor," contestó el tío Paciencia con la
Good day Sir answered the uncle Patience with the

mayor humildad, quitándose el sombrero, "quisiera entrar
greatest humility taking off the hat I wanted to enter
(his)

en el cielo, donde, según he oído decir, todos los
in the heaven where according to I have heard say all the

hombres son iguales."
people are equal

"Siéntese Usted en ese banco, y espere a que venga
Seat yourself you on that bench and wait for to that come

más gente. No vale la pena el abrir esta pesada
more people Not it is worth the pain the opening this heavy

puerta por un solo individuo."
gate for a single individual

El portero cerró el ventanillo, y el tío Paciencia se
The gatekeeper closed the small window and the uncle Patience himself

sentó en el banco.
seated on the bench

No estuvo allí mucho tiempo cuando oyó un
Not he was there much time when he heard a

escandaloso aldabazo.
scandalous loud knock

Dirigiendo los ojos en la dirección del ruido Paciencia
Directing the eyes in the direction of the noise Patience

reconoció a su vecino, el marqués.
recognized his neighbor the Marquis

Al   mismo   tiempo   se   oyó   desde   adentro   el   portero
At the   same   time   himself   was heard   from   inside   the   gatekeeper

que   gritó   con   voz   de   trueno: "¡Hola!   ¡Hola!   ¿Quién   es
that   shouted   with   voice   of   thunder   Hello   Hello   Who   is
(who)

este   bárbaro   que   está   derribando   la   puerta?"
this   Barbarian   that   is   demolishing   the   door
(who)

"El   excelentísimo   señor   marqués   de   la   Pelusilla,   grande
The   most excellent   Sir   Marquis   of   the   Enviable   great

de   España   de   primera   clase,   caballero   de   las   órdenes
of   Spain   of   first   class   knight   of   the   orders

de   Alcántara,   de   Calatrava,   de   Montesa   y   de   la
of   Alcántara   of   Calatrava   of   Montesa   and   of   the

Toisón,   miembro   de   la   cofradía   del   cordón   de   San
Toisón   member   of   the   brotherhood   of the   order   of   San

Francisco,   senador   del   reino,   etc.,   etc."
Francisco   senator   of the   kingdom   etc   etc

Al   oír   esto   el   portero   abrió   de par en   par   la   puerta,
At the   hearing   this   the   gatekeeper   opened   of pair in pair   the   gate
(wide open)

quebrándose   el   espinazo   a   fuerza   de   reverencias   y
breaking himself   his   back   while making   reverences   and

exclamando:
exclaiming

"Ilustrísima vuecelencia, tenga Usted la bondad de
Illustrious *Excellency* *have* *you* *the* *kindness* *of*

perdonarme si le he hecho esperar un poco, que yo
pardon (pardoning) me *if* *you* *I have* *made* *to wait* *a* *little* *because* *I*

ignoraba que era Usted Ya hemos recibido noticia de
did not know *that* *it was* *you* *Already* *we have* *received* *news* *of*

la llegada de su excelencia. Pase, vuecelencia, señor
the *arrival* *of* *your* *excellence* *Pass* *your excellence* *Sir*

marqués, y verá que todo se ha preparado para el
Marquis *and* *you will see* *that* *everyone* *himself has* *prepared* *for* *the*

recibimiento del caballero más ilustre, piadoso, distinguido
receiving *of the* *knight* *most* *illustrious* *pious* *distinguished*

y rico de España."
and *rich* *of* *Spain*

En el centro del cielo se veía la orquesta celeste de
In *the* *center* *of the* *heaven* *one* *saw* *the* *orchestra* *heavenly* *of*

ángeles bajo la dirección del arcángel Gabriel.
angels *under* *the* *direction* *of the* *archangel* *Gabriel*

Detrás   de   ellos   estaba   colocado   un   coro   de   vírgenes
Behind   of   them   was   placed   a   choir of   vírgins

todas   vestidas   de   blanco   y   con   coronas   de   flores.   Al
all   dressed   of/in   white   and   with   crowns   of   flowers   To the

lado   izquierdo   se   hallaba   un   órgano   teniendo   cañones
side   left   was located   an   organ   having   tubes

de   oro,   delante   del   cual   estaba   sentada   la   Santa
of   gold   before   of   which   was   sitting   the   Saint

Cecilia.   Al   lado   derecho   estaba   el   rey   David   con   una
Cecilia   To the   side   right   was   the   king   David   with   a

arpa   de   oro.   En   una   plataforma   estaban   los   célebres
harp   of   gold   On   a   platform   were   the   famous

músicos   que   habían   destrozado   las   murallas   de   Jericó,
musicians   that   had   destroyed   the   walls   of   Jericho

hace   ya   muchos   Siglos.
since   already   many   Centuries

Al   primer   paso   que   dió   el   marqués   entonaron   éstos
To the   first   step   that   gave took   the   Marquis   intoned   these

una   fanfarria   que   demostraba   claramente   que   no   había
one   racket   that   demonstrated   clearly   that   not   had

desmejorado   su   arte.
gotten worse   their   art

Casi   al   mismo   instante,   luego   que   el   marqués   hubo
Almost at the same   moment   as soon   as   the   Marquis   had

atravesado   el   umbral,   fue   cerrada   la   puerta,   y   el
crossed   the   threshold was   closed   the   door   and the

pobre   tío   Paciencia   no   pudo   ver   nada   más.   Pero   oía
poor   uncle Patience   not   could   see   nothing more   But   he heard

harmonías   tales   como   jamás   había   oído   en   la   tierra.
harmonies   such   as   never   he had   heard   on   the   earth

El   tío   Paciencia   se   quedó   en   su   banco   cavilando   y
The   uncle Patience   himself stayed on   his   bench   pondering   and

ponderando   todo   lo   que   acababa   de   ver   y   oír.
weighing   everything that what   he finished of   to see and to hear
                                                          (seeing) (hearing)

"¡Zapatazos!"   dijo   para   sí.   "He   pasado   toda   mi   vida
Shoeses   he said for   himself I have passed   all   my   life
(mild curse)

sufriendo   con   santa   paciencia   todos   los   trabajos   y
suffering   with   saintly patience   all   the   work   and

humillaciones   de   la   tierra,   creyendo   que   en   el   cielo
humiliations   of   the   earth   believing   that   in   the   heaven
                       ()

todos   los   hombres   serían   iguales.   ¿Y   qué   me   sucede?"
all   the   men   would be equal   And   what   me   happens

"Aquí,   a   la   puerta   del   cielo   he   de   presenciar   la
Here   at   the   gates   of   heaven   I have   of   to be present at   the

prueba   más   irritante   de   desigualdad."
proof   most   irritating   of   inequality

La   abierta   del   ventanillo   sacó   al   tío   Paciencia   de   sus
The   opening   of the   small window   brought out to the   uncle   Patience   of   his

cavilaciones.
ponderings

"¡Calla!"   exclamó   el   portero,   reparando   en   el   tío
Shut up   exclaimed   the   gatekeeper   admonishing   to   the   uncle

Paciencia.   "¿Qué   hace   Usted   ahí,   hombre?"
Patience   What   do   you   there   man

"Señor,"   contestó   humildemente   éste,   "estaba   esperando.."
Sir   answered   humbly   he   I was   waiting

"¿Porqué   no   ha   llamado   Usted,   santo   varón?"
Why   not   you have called   saintly   man

"Ya ve Usted, como uno es un pobre zapatero."
Already see you like one is a poor shoemaker
(I)

"¡Qué habla Usted de pobre zapatero, hombre! En el
What speak you of poor shoemaker man In the

cielo todos los hombres son iguales."
heaven all the men are equal

"¿De veras?" exclamó el tío Paciencia, dando un salto
Truly exclaimed the uncle Patience giving a jump

de alegría.
of joy

"Y muy de veras. Categorías, clases, grados, órdenes,
And very true Categories classes degrees orders

todo eso se queda para la tierra. Pase Usted
all that is left for the earth Pass you

adentro." El portero abrió, no toda la puerta como
inside The gatekeeper opened not all the gate as

cuando entró el marqués, sino lo justo para que
when entered the Marquis but just right for that

pudiera entrar un hombre.
could enter a man

Entró el tío Paciencia, y se detuvo sorprendido. No
Entered the uncle Patience and stopped surprised Not

había ni orquesta ni coro ni músicos. El portero, que
it had neither orchestra nor choir nor musicians The gatekeeper that
(there was)

adivinó la causa de esta penosa extrañeza, se apresuró
guessed the cause of this painful surprise hurried

a desvanecerla.
to dispel it

"¿Qué es eso, hombre, que se ha quedado Usted
What is that man that yourself have stayed you

como imagen de piedra?"
like image of stone
(statue)

"¿No me ha dicho Usted que en el cielo todos los
Not me have said you that in the heaven all the
()

hombres son iguales?"
men are equal

"Sí, señor, y he dicho la verdad."
Yes Sir and I have told the truth

"Y entonces, como el marqués.."
And then how the Marquis

"¡Hombre! no hable Usted disparates. ¿No ha leído
Man not speak you silly things Not have read

Usted en la Sagrada Escritura que más fácil es que
you in the Holy Scripture that more easy it is that

entre un camello por el ojo de una aguja que un
enters a camel through the eye of a needle than a

rico en el cielo? Zapateros, sastres, herreros, labradores,
rich in the heaven Shoemakers tailors blacksmiths farmers
()

mendigos, majaderos, tunantes, éstos llegan aquí a
mendigos fools rogues these arrive here at

todas horas, y no tenemos por novedad su llegada.
all hours and not we take as news their arrival

Pero se pasan siglos enteros sin que veamos a un
But themselves pass centuries entire without that we see (to) a

señor como el que ha llegado hoy. En tal caso es
Gentleman like him that has arrived today In such case it is

preciso que echemos la casa por la ventana."
precisely that we throw the house through the window
[we give a great party]

157   La Portería Del Cielo

The book you're now reading contains the paper or digital paper version of the powerful e-book application from Bermuda Word. Our software integrated e-books allow you to become fluent in Spanish reading and listening, fast and easy! Go to learn-to-read-foreign-languages.com, and get the App version of this e-book!

The standalone e-reader software contains the e-book text, includes audio and integrates **spaced repetition word practice** for **optimal language learning**. Choose your font type or size and read as you would with a regular e-reader. Stay immersed with **interlinear** or **immediate mouse-over pop-up translation** and click on difficult words to **add them to your wordlist**. The software knows which words are low frequency and need more practice.

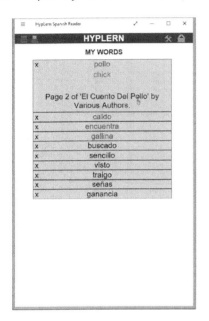

With the Bermuda Word e-book program you **memorize all words** fast and easy just by reading and listening and efficient practice!

LEARN-TO-READ-FOREIGN-LANGUAGES.COM
Contact us using the button on the site!

Made in the USA
Middletown, DE
11 August 2022